Musiktherapie im traditionellen und modernen China

Musiktherapie Universität Augsburg

herausgegeben von

Hans Ulrich Schmidt und Tonius Timmermann

zeitpunkt musik
Reichert Verlag Wiesbaden 2022

Musiktherapie im traditionellen und modernen China

von Ying Tian, Tonius Timmermann,
Hans Ulrich Schmidt und Roya Schwarz

zeitpunkt musik
Reichert Verlag Wiesbaden 2022

Bibliografische Information der Deutschen Nationalbibliothek
Die Deutsche Bibliothek verzeichnet diese Publikation in der Deutschen Nationalbibliografie;
detaillierte bibliografische Daten sind im Internet über http://dnb.dnb.de abrufbar.

Gedruckt auf säurefreiem Papier
(alterungsbeständig – pH 7, neutral)

www.reichert-verlag.de
ISBN: 978-3-7520-0655-1 (Print)
eISBN: 978-3-7520-0213-3 (eBook)
https://doi.org/10.29091/9783752002133

Printed in the EU

Inhalt

Einleitende Gedanken der Herausgeber

Tonius Timmermann und Hans Ulrich Schmidt

Wir schreiben diese Zeilen in nicht endenden Zeiten von Corona. Die Pandemie zeigt uns, dass es eigentlich keine geschützten Grenzen gibt. Wir sind alle verbunden durch den einen Atem, die eine mehr oder weniger verschmutzte Luft, durch die sich auch *das* Virus seinen Weg bahnt zum Menschen, ohne Ansehen von Nation, Rasse, Religion oder Ideologie. Die sprichwörtlich atemberaubende Entwicklung seit Entdeckung des Virus in China, die vorher unvorstellbare Atempause im Hamsterrad der globalen Beschleunigungswirtschaft, im atemlosen Imperativ des Wachstums, die quälende Atemnot, der von allen geteilte und nun plötzlich von einem unwahrscheinlich kleinen, aber mächtigen Tierchen „geraubte" Atem, dies alles zeigt uns auch ganz plötzlich, dass die Grenzen des Wachstums, die man seit fast 50 Jahren kennen kann (vgl. Meadows et al., 1972), möglicherweise erreicht sind. Zunehmende Naturkatastrophen, die „näher rücken", ob Überschwemmungen, Flächenbrände u. ä., verstärken diesen Eindruck.

Was – umgekehrt proportional zu einem möglicherweise globalen Sicherheitsgefühl der in der westlichen Welt verorteten Menschen – wächst, ist die Skepsis. Die italienische Philosophin Donatella Di Cesare bringt es auf den Punkt: „Es lässt sich indes der Wunsch nach Veränderung nicht verbergen, der in den letzten Jahren aufgrund eines ungerechten, perversen und veralteten Wirtschaftssystems angewachsen ist, dessen Auswirkungen Hunger und soziale Ungerechtigkeit, Krieg und Terror, der klimatische Kollaps des Planeten und die Erschöpfung der Ressourcen sind … Das unvorhergesehene Virus hat die Alternativlosigkeit des Immergleichen suspendiert. …" (Di Cesare, 2020, S. 12 f). Die Zeit der systemischen Dogmen ist vorbei. Homo Sapiens wird kooperieren müssen. Es müssen neue Wege gefunden werden und zwar im globalen Austausch.

Dazu gehört auch die Kommunikation mit China jenseits aller Systemkonkurrenz und ökonomischem Imperialismus, die Fähigkeit, einander zuzuhören und voneinander zu lernen. In dem vorliegenden Buch geht es um die vergleichende Betrachtung zweier Gesundheitssysteme, insbesondere im Hinblick auf die Musik, aber auch im Hinblick auf Menschenbild und medizinische Zugänge. Ein wichtiges kommunikatives Mittel dazu ist die gegenseitige Anerkennung von Wissen und Leistungen und der diesbezügliche Austausch. Chinesische Studierende lernen in westlichen Ländern, z. B. Musiktherapie, und die Traditionelle Chinesische Medizin (TCM) verbreitet sich dort *ebenfalls*. Mittlerweile spielt sie auch an mehreren deutschen Universitätskliniken eine wichtige Rolle.

Daran knüpft das vorliegende Buch an. Es stellt die im Rahmen des Masterstudiengangs Musiktherapie an der Universität Augsburg verfasste Masterthesis von Yin Tian vor, in der sie, ausgehend vom traditionellen chinesischen Gesundheitsverständnis und der Rolle der Musik darin den Bogen spannt zur Behandlung psychischer Probleme im modernen Gesundheitssystem, der Situation der klinischen Musiktherapie und der Ausbildung in diesem Fach. Eingerahmt wird dies von kurzen Texten zur Rolle des Körpers in der westlichen Psychotherapie, Beziehungsaspekten in der chinesischen Psychotherapie, die Anwendung der TCM in westlichen Ländern und deren Verbindung mit Musik, sowie einem Interview mit einem deutschen Musiktherapie-Hochschullehrer, Prof. Decker-Voigt. So soll hinsichtlich des Themas ein ganzheitliches Bild der momentanen Situation und ihrer Geschichte entstehen.

Positiv zu bewerten ist zunächst einmal, dass heute die Möglichkeit besteht, dass chinesische Studierende sich im Westen beruflich qualifizieren können, und gleichzeitig westliche Hochschullehrer nach China eingeladen werden (siehe dazu das Interview mit Prof. Decker-Voigt in diesem Buch). Das deutsche „Lehrbuch Musiktherapie“ (Decker-Voigt, Oberegelsbacher, Timmermann, 3. Auflage, 2020) wurde auch ins Chinesische übersetzt und in China verlegt.

Positiv zu bewerten ist es ferner, wenn chinesische Traditionen als wertvolle Qualitäten erkannt werden wie beispielsweise die Traditionelle Chinesische Medizin (TCM), die ebenfalls in diesem Buch vorgestellt wird, wiederum auch im Hinblick darauf, welche Rolle die Musik dabei spielen kann.

Wir freuen uns daher, die überarbeitete Masterthesis einer unserer chinesischen Studentinnen zu präsentieren, umrahmt von Beiträgen zu den eben genannten Gebieten.

Literatur

Di Cesare, D. (2020). *Souveränes Virus? Die Atemnot des Kapitalismus.* Konstanz: University Press.

Meadows, D. (1972). *Die Grenzen des Wachstums.* Stuttgart: DVA.

Zur traditionellen chinesischen Kultur und ihrer Bedeutung für die moderne Musiktherapie

Tonius Timmermann

„Man bedenke, was es heißt, wenn der praktische Arzt, der ganz unmittelbar mit dem leidenden und darum empfänglichen Menschen zu tun hat, Fühlung mit östlichen Heilsystemen aufnimmt! So dringt der Geist des Ostens durch alle Poren ein und erreicht die wundesten Stellen Europas. Es könnte eine gefährliche Infektion sein, vielleicht ist es aber auch ein Heilmittel"
(C. G. Jung, 1930, zit. nach Granet, 1971)

Geschichtliche und zeitgeschichtliche Reflexionen

Diese Gedanken schrieb C. G. Jung 1930 nieder, lange bevor die Traditionelle Chinesische Medizin (TCM) im abendländischen Gesundheitssystem bekannt wurde. Auch die politischen und gesellschaftlichen Entwicklungen, aus denen das heutige China resultiert, waren zu dieser Zeit noch nicht absehbar. Jedoch gab es in Europa ein wachsendes Interesse an östlichen Philosophien, Lehren und Praktiken: „Ex oriente lux". Dem deutschen Sinologen Richard Wilhelm verdanken wir die ersten Übersetzungen klassischer chinesischer Texte. Jung war eng mit ihm befreundet und schrieb erläuternde psychologische Kommentare zu einigen dieser Schriften.

China ist heute eine der mächtigsten globalen Kräfte geworden. Gleichzeitig teilt es in mancherlei Hinsicht nicht unsere westlichen Vorstellungen vom Zusammenleben der Menschen. Umso wichtiger ist es, dieses Land, seine Kultur, seine Mentalität zu verstehen, um erfolgreich kommunizieren und verbindende Möglichkeiten nutzen zu können.

Dies gilt auch für unser quantitativ kleines Fach. Chinesische Studierende der Musiktherapie, die in Studiengängen westlicher Länder ihre Abschlüsse gemacht haben, transportieren unsere Vorstellungen von diesem Fach in ihre Heimat. Umgekehrt werden deutsche Hochschullehrer dorthin eingeladen – siehe beispielsweise das Interview mit Prof. Decker-Voigt in diesem Buch. Das „Lehrbuch Musiktherapie" (Decker-Voigt, Oberegelsbacher, Timmermann, 2020 in der dritten Auflage erschienen) wurde sowohl ins Russische als auch ins Chinesische übersetzt und steht somit dort als Lektüre zur Verfügung.

Es existieren also, wie bereits im Vorwort beschrieben, Anknüpfungspunkte sowie Möglichkeiten, Unterschiede und Gemeinsamkeiten musiktherapeutischer Theorie und Praxis im Westen und Osten kennenzulernen. Ein genau solcher Anknüpfungspunkt ist die Masterthesis von Yin Tian, die in diesem Buch vorgestellt wird.

Zunächst jedoch werden verschiedene für das Thema relevant erscheinende Aspekte der traditionellen chinesischen Kultur vorgestellt, die von westlichen Wissenschaftlern formuliert wurden. Dies soll die Leserinnen und Leser auf das Thema einstimmen und es von verschiedenen Seiten „beleuchten".

Einstmals konnte China Gefühle von „weit weg", „ferner Osten", „Exotik", „fremdartige Kultur" und Ähnlichem erwecken. In einer globalisierten Welt hingegen rücken uns auch entfernte und scheinbar fremdartige Länder nahe. China ist von der Größe, der Einwohnerzahl und seinem aktuellen wirtschaftlichen Einfluss ein Land der Superlative. Aktuell ist es nun die zweitmächtigste Wirtschaftsmacht der Welt. Gerade seine Andersartigkeit spricht für eine nähere Beschäftigung und macht diese für uns spannend. Was wir an der von Europa ausgehenden Kultur (in der Folge als „der Westen" bezeichnet) hoch schätzen, nämlich möglichst viele freie Wahlmöglichkeiten, Individualität, Privatsphäre und definierte Menschenrechte, wird vom offiziellen China als eben „dem Westen" zugehörig, aber für chinesische Verhältnisse nicht geeignet, aufgefasst.

Um die chinesische Mentalität und ihre Kommunikationsformen, soweit uns das möglich ist, zu verstehen, muss man die chinesische Geschichte kennen, so wie man auch den einzelnen Menschen nur durch seine Geschichte näher kennen und verstehen lernt. Und es gilt besonders im Hinblick auf einen modifizierten Transfer psychotherapeutischer respektive musiktherapeutischer Vorgehensweisen in diese Kultur mit ihren spezifischen psychologischen Gegebenheiten.

China hat in den letzten Jahrzehnten enorme gesellschaftliche Umbrüche erfahren und somit auch zu verarbeiten. Bis ins 19. Jahrhundert galt der chinesische Kaiser als der Beherrscher der bewohnten, zivilisierten Welt schlechthin, galt China als Mittelpunkt menschlicher Kultur, umgeben von „Barbaren", die es zu zivilisieren galt. Die Geschichte dieses Landes weist über etwa 5000 Jahre eine große Kontinuität auf. Erst durch die Begegnung mit dem Westen begann eine historisch-kritische Sicht (Granet, 1971, S. 7 f). In den 1920er und 1930er Jahren gab es einen regen intellektuellen Austausch. Klassische chinesische Standardwerke wurden von westlichen Sinologen übersetzt und so interessierten Lesern zugänglich gemacht. Umgekehrt beschäftigten sich chinesische Gebildete mit westlichen Theorien, darunter auch mit der Psychoanalyse, und einige wichtige Werke wurden ins Chinesische übersetzt (Haag, 2012, S. 117 ff).

Ende der 1930er Jahre wurde China von Japan in einen kräftezehrenden Krieg verwickelt. In der Folge des Zweiten Weltkriegs gelang es den Kommunisten unter Führung von Mao Tse-Tung, die Macht zu ergreifen und das große Land zu einen. War es vorher von ständigen Hungersnöten geplagt und zwang viele Chinesen, ihr Heil in der Fremde zu suchen, verbesserten sich nun die wirtschaftlichen und hygienischen Lebensbedingungen und gaben vielen Menschen mehr Hoffnung. War bis dahin Bildung einer kleinen Elite vorbehalten, entstanden nun zunehmend Kindergärten und Schulen für alle. Der bis heute als hierarchisch zu charakterisierende Führungsstil wird auch dadurch möglich, dass es in China eine lange Tradition familiärer Hierarchien gibt und Fügsamkeit rsp. Unterordnung unter Autoritäten selbstverständlich sind.

Die chinesische Geschichte lässt sich heute grundsätzlich in vier Epochen einteilen:

1. In die ca. 5000 Jahre alte traditionelle Kultur, die relativ abgeschottet vom Rest der Welt existierte,
2. in eine Phase von ca. 1912 bis 1937 mit einer Öffnung zum Westen und entsprechendem Gedankenaustausch,
3. in die Zeit von 1949 bis 1978, in der die Kommunistische Partei Chinas unter Mao Tse Tung herrschte, und in die auch die sog. Kulturrevolution fiel,
4. in die Zeit seit den 1980er Jahren, die eine Wiederaufnahme der internationalen Beziehungen, vor allem wirtschaftlich sowie, bedingt, auch politisch und kulturell mit sich brachte.

Ein einschneidendes Ereignis in dieser Geschichte war die Kulturrevolution (1966–1976). Diese hatte das Ziel, alle traditionellen chinesischen Kulturleistungen zu beseitigen, um Platz für etwas Neues zu schaffen. Den damit verbundenen Zerstörungen fielen unermessliche Schätze an Kunst und Kultur zum Opfer. Allerdings wurde neben den materiellen Schäden auch eine kollektive Traumatisierung verursacht, was, wie wir heute aus der europäischen Geschichte wissen, auch nachfolgende Generationen betrifft.

Handelsbeziehungen zwischen dem Westen und China gibt es seit 1954 (Hamilton & Ohlberg, 2020, S. 100). Durch das gewaltige Infrastrukturprogramm „Neue Seidenstraße“ erreichen diese heute einen Höhepunkt, mit dem China weltweiten Einfluss gewinnt (ebd., S. 20 ff u. 102). Bislang haben sich bereits 60 Staaten diesem Projekt angeschlossen (ebd., S. 180).

Nach dem Zusammenbruch des Kommunismus in Osteuropa scheinen sich auch die chinesische Wirtschaft und Wirtschaftspolitik dem westlichen Modell angenähert zu haben. Dies führt zu tiefgreifenden Veränderungen in der chinesischen Gesellschaft: Konsum, Leistung und große soziale Unterschiede in der Bevölkerung sind die Folgen, die wiederum verarbeitet werden müssen. Haag (2012, S. 85) vergleicht diese Situation allerdings auch mit der der Deutschen in der Wirtschaftswunder-Zeit nach dem Zweiten Weltkrieg, wo zunächst Aktivismus und Verdrängung, die „Unfähigkeit zu trauern“, eine Rolle spielten.

Wohin wird sich die chinesische Gesellschaft also entwickeln?

Angesichts der globalen Situation mit Themen wie Überbevölkerung, Armut, gesundheitlichen und Umweltproblemen etc. geht es längst nicht mehr um Systemkonkurrenzen, sondern um internationale Verständigung für nachhaltiges und gerechtes Wirtschaften auf unserem Planeten. Und dafür braucht es gegenseitiges Verstehen und Kommunikation. Ein wichtiges Zeichen dafür könnte sein, dass China sich zum Ziel gesetzt hat, vor 2060 klimaneutral zu sein, was einen grundlegenden Umbau seiner Volkswirtschaft bedeuten und nach sich ziehen würde. Xi Jinping sprach vor der UN-Generalversammlung von einer „grünen Revolution“

(Süddeutsche Zeitung, 25.09.2020). Angesichts der drohenden ökologischen Katastrophen kann es sich kein Land auf der Welt, insbesondere keine so potente Wirtschaftsmacht wie China, leisten, solche Impulse nicht aufzugreifen und eine zunehmend mehr internationale Zusammenarbeit anzustreben.

Wir sind von dem Gedanken ausgegangen, dass auch die bio-psycho-soziale Entwicklung eines Volkes geschichtlich begründet und geordnet ist. Versuchen wir also, uns dem modernen China möglichst ganzheitlich, aus seiner Geschichte, insbesondere der Gesellschafts- und Kulturgeschichte heraus zu nähern.

Aspekte chinesischen Denkens

> *„<Chinesische Schriftzeichen>, erklärte ihr ihre Mutter, <schreibt man ganz anders als englische Wörter. Man denkt anders. Man fühlt anders … Wenn man schreibt>, sagte sie, <muss man den freien Fluss seines Herzens sammeln>“ (Tan, 2003, S. 71).*

Im Unterschied z. B. zur metaphysisch ausgerichteten indischen, ist die klassische chinesische Philosophie eher praktisch, der Lebensgestaltung zugewandt. Nicht etwas zu erreichen ist das Ziel, sondern harmonisch zu leben bedeutet Glück (von Aster, 1963, S. 22 ff). „Was die Chinesen von ihren Philosophen erwarteten, waren Motive, die zwangloses Denken begünstigten, nicht aber Ideen oder gar Dogmen“ (Granet, 1971, S. 315). Geprägt sind ihre Philosophien vor allem durch drei große Strömungen: Daoismus, Konfuzianismus und Buddhismus, die vielfach miteinander verschmolzen sind.

Im 1. Jahrhundert n. Chr. gelangten buddhistische Missionare nach China, dessen Kunst und Kultur dadurch nachhaltig beeinflusst wurde. In Glaubensdingen herrschte im alten China eher die Einstellung, dass jeder nach seiner Façon selig werden konnte. Es gab auch nie ein besonderes Wort für Religion, sondern unter „Lehre“ verstand man alle möglichen religiösen, philosophischen und weltanschaulichen Theorien und Praktiken (Böttger, 1982, S. 187). Granet äußert über das chinesische Denken, Chinesen wie Europäer seien „bei der Formulierung ihrer philosophischen und wissenschaftlichen Einsichten im gleichen Maße um Systematik, Rationalität und Logik bemüht“ (1971, S. 14). Allerdings fänden die Chinesen „keinerlei Gefallen an einer Einteilung nach Gattungen und Arten … Klar definierten Begriffen ziehen sie bezugsreiche Symbole vor“ (ebd., S. 108). Das Denken sei vom Gedanken der Wirksamkeit beherrscht und bewege sich in einer Welt von Symbolen, die aus Entsprechungen und Gegensätzen bestehe.

Dem entspricht auch die einzigartige Entwicklung der chinesischen Schrift. Diese verwendet kein Alphabet, sondern eine Vielzahl von Zeichen, die sich aus ursprünglichen archetypischen Bildern herleiten und dadurch der Natur wesentlich näher stehen (Watts, 1983, S. 24). Solche Begriffszeichen sind gleichsam symbolische Bilder, deren Sinn sich nur aus dem Zusammenhang ergibt, gleichzeitig abstrakt und sinnlich anschaulich, vergleichbar den „Ideen“ Platons und den „Archetypen“ C. G. Jungs. Sie sind jedoch eben immer verbunden mit Bildern aus der

Natur bzw. deren ständig Wandlungen hervorbringenden, gesetzmäßig geordneten Wirkkräften, die als *Sinn* aufgefasst werden.

Alan Watts, der sich intensiv mit der traditionellen chinesischen Kultur beschäftigte, schrieb bereits im Jahre 1975: „Bisher hat die westliche Wissenschaft die Objektivität betont – eine kalte, berechnende und distanzierte Haltung, die den Anschein erweckt, als seien alle Naturphänomene, der menschliche Organismus inbegriffen, nichts als Mechanismen. Aber das Wort selbst besagt, ein Universum aus lauter Objekten ist unannehmbar. Wir nehmen uns das Recht, es rücksichtslos auszubeuten, aber jetzt erkennen wir zu spät, dass die Misshandlung der Umwelt uns selbst Schaden bringt, aus dem einfachen Grund, weil Subjekt und Objekt nicht zu trennen sind und weil wir und unsere Umgebung dem Prozess eines geschlossenen Feldes angehören. Das nennen die Chinesen Tao" (S. 39).

Dass etwas gleichzeitig die beiden Seiten einer Münze bedeuten kann, gleichermaßen Kopf wie Zahl, ist westlichem Entweder-oder-Denken fremd. Im Chinesischen gilt das Paradoxe des Seins als das natürlich Gegebene, das auch so hinzunehmen ist. Während das westliche Denken eher analytisch und kausal ausgerichtet ist, beschreibt Granet das chinesische Denken so: „Das Objekt der Erkenntnis wird in Zusammenhang mit dem Ganzen, modern physikalisch ausgedrückt: in seiner Relativität, seiner Bedingtheit durch das <Feld> gesehen ... Ein chinesischer Philosoph und Wissenschaftler ist überzeugt, eine gültige Einsicht gewonnen zu haben, sobald er alle zur Erklärung einer bestimmten Erscheinung notwendigen *Beziehungen* definiert hat ... Und da er niemals ein Ding für sich definiert, sondern in erster Linie dessen Bezogenheit zum Ganzen, zu einem <Feld>, zu einer Gruppe beurteilt, so ergibt es sich zwangsläufig, dass da jede Gesetzmäßigkeit immer auf den größeren Zusammenhang hinweist" (1971, S. 14 f).

Interessanterweise entspricht es dem aktuellen Wissensstand der Quantenphysik, die Wirklichkeit als ein „Feld der Potentialität" aufzufassen (vgl. Duerr, 2018, S. 21 ff), was wiederum für die Erklärung von Phänomenen in der systemischen Therapie und Aufstellungsarbeit relevant ist. Auch Sheldrakes (1999) Theorie der morphischen Felder könnte hier bedeutsam sein. Modernes systemisches und quantenphysikalisches Denken beschreibt die Welt als ein Netzwerk von Beziehungen. Die Verbindung wird noch deutlicher, wenn der Physiker Fridjof Capra ein diese Thematik behandelndes Buch mit „Das Tao der Physik" (1977) betitelt.

Marie-Louise von Franz beschreibt das klassische chinesische Denken als synchronistisch, als ein Denken in Feldern, in dessen Zentrum die nicht linear, sondern analog geordnet erlebte Zeit ist und das keinerlei Unterscheidung zwischen psychologischen und physikalischen Wirkungen kennt (1987, S. 12). C. G. Jung brachte den holistischen Ansatz in die Psychologie ein, dass also die psychischen Prozesse des Menschen mit einem komplexen Ganzen zusammenhängen, in dem individuelles und kollektives Unbewusstes miteinander in Verbindung und Beziehung stehen. Er entwickelt zum synchronistischen Phänomen die Hypothese vom Archetyp der Zahl, welcher die Welt der Psyche mit der der Materie verbindet (ebd., S. 108). Im Unbewussten gibt es danach nicht die Reihenfolge <eins nach

dem anderen>, Zeit und Raum sind relativ, flexibel oder verschwinden ganz (ebd., S. 125).

Nähert sich die westliche Wissenschaft hier dem asiatischen Denken an? Auch das wissenschaftliche Forschen bestand ja dort, anders als in Europa, nie im Versuch, die Natur zu beherrschen, sondern mit ihr in Harmonie zu treten und die Bestätigung der Einheit zwischen Mikro- und Makrokosmos zu erhalten. Das Interesse galt in der Regel nicht den physischen, biologischen oder soziologischen Details, sondern den Beziehungen zwischen den einzelnen Erscheinungen.

Auch Weggel, der bei aller Unterschiedlichkeit der asiatischen Kulturen dennoch ein „panasiatisches Durchschnittsverhalten und -denken“ (1989, S. 187) ausmacht, betont als den eigentlichen Unterschied zum westlichen individuellen und konfliktfreudigen Differenzierungs- und Aufspaltungsdenkens die Ganzheitlichkeit und das Streben nach Harmonie. „Dort zählte nur die Vergangenheit (mit ihren überlieferten Verhaltensmustern) und nicht die Zukunft, nur das Wir, nicht das Ich und nur die religiös geheiligte und durch Tabus abgesicherte Lehre, nicht dagegen Einzelmeinung oder gar <Originalität>. A und O des sozialen Strebens war die Harmonie“ (1989, S. 38). Eine 51%-Mehrheit ist dabei keine Lösung, sondern alle müssen sich einig sein, damit Harmonie herrscht (ebd., S. 44).

Auch der einzelne Mensch wird weniger in seiner individuellen Entwicklung gesehen, sondern viel stärker in seiner Beziehung zur Gemeinschaft der Menschen. Der Begriff „individualistisch“ ist in China abwertend im Sinne von „egoistisch“. Ein „Individuationsprozess“, in der westlichen Psychotherapie im Zentrum der Aufmerksamkeit, ist dem traditionellen chinesischen Denken zunächst einmal befremdlich (Haag, 2012, S. 36). Diese Einstellung bzw. das entsprechende Verhalten wird vom Westen aus nun wiederum negativ bewertet, beispielsweise als unterdrückend und freiheitsbeschränkend.

Im Herbst 2020, als die Zahlen der Corona-Infizierten und -Toten bei uns in die Höhe schnellten, während sie in Asien zurückgingen, beschreibt Deuber (2020) die Unterhaltung mit einem chinesischen Taxifahrer wie folgt: „Kopfschüttelnd erzählte er, dass er im Fernsehen gesehen hätte, wie die Menschen in Europa weiter Party machen würden, keine Masken trügen, rausgingen, in den Urlaub führen. Er fragte: <Ist bei Euch ein Menschenleben so wenig wert?>“. Die Disziplinlosigkeiten, die in heimlichen Parties und offenen „Anti-Corona“-Demonstrationen gipfelten, stießen dort auf Unverständnis. In der Tat hatte schließlich die Disziplin in Form von vorübergehendem strengen Verzicht auf persönliche Freiheiten keinen zweiten Lockdown in der Volksrepublik China und auch anderen umliegenden asiatischen Ländern nötig gemacht, sodass sie bald wieder Freiheiten genießen konnten, die im Westen nun wieder stark eingeschränkt werden mussten. Dies wurde auch nicht als staatliche Unterdrückung, sondern als selbstverständliches Opfer für die Gesundheit und das Leben der Mitmenschen wahrgenommen. Im Übrigen sind im Dezember 2020 im demokratischen chinesischen Taiwan 720 Infizierte bei 24 Millionen Einwohnern nicht auf repressive Maßnahmen zurückzuführen, sondern auf eine mehr am Kollektiv, an der Gemeinschaft als Ganzem orientierten Einstellung.

Das Ich als Teil eines Wir ist eine Wahrnehmung, die im modernen systemischen und transgenerationalen Erleben und Denken als therapeutisch relevant wieder auftaucht, denn auch hier wird der einzelne Mensch als eingebunden in die bio-psycho-sozialen Gegebenheiten der näheren und weiteren Familie betrachtet.

Bereits Erich Neumann, ein an C. G. Jung orientierter Psychotherapeut, weist in seinem Grundlagenwerk „Ursprungsgeschichte des Bewusstseins“ (o. J.) aus den 1940er Jahren auf den Aspekt hin, dass Gefühle von Gruppenidentität und Partizipation beim heutigen Menschen noch weitgehend vorhanden seien. Auch in Zeiten scheinbar stark entwickelter Individualität seien „die Individuen noch eingebettet in das Gefüge der Gruppe und des sie beherrschenden Unbewussten“ (ebd., S. 218). Bei Angehörigen spricht er von einem „unbewussten Miteinanderverschmolzensein der Familienmitglieder“. Bei größeren Gruppen spricht er von Rekollektivierungs- und Massenphänomenen: „... und jede Erregung eines Gruppenteils kann die Gruppe ergreifen, wie ein Fieber alle Teile des Organismus erfasst“ (ebd.). Neumann, der als jüdischer Mitbürger vor den Nazis aus Deutschland fliehen musste, wusste, wovon er sprach. Im Amerika eines Donald Trump erlebten wir Ähnliches, ein Ergriffensein von etwas, das angeblich größer macht. Die „Wir-Orientierung“ hat also Licht- und Schattenseiten. In jedem Fall muss sie in therapeutischen Zusammenhängen beachtet und reflektiert werden.

„In ostasiatischen, konfuzianisch geprägten Gesellschaften wird der Einzelne nie als eine von der Familie oder Bezugsgruppe isolierte Einheit wahrgenommen, sondern ... als interagierender Teil eines Netzwerks“ (Haag, 2012, S. 36). Es verwundert daher nicht, dass von allen westlichen Psychotherapien die systemische Familientherapie am besten angenommen wird. „Das individualisierte, westliche Selbst grenzt sich mit seiner harten Schale von seinen Mitmenschen ab, was ihm eine gewisse Unabhängigkeit und Eigenständigkeit ermöglicht“ (ebd.). Dagegen wird Reife in ostasiatischen Kulturen eher als Fähigkeit zur Anpassung an die sich ständig wandelnden Verhältnisse aufgefasst.

Das, was man gemeinhin „Ich“ nennt, kann man unter diesem Aspekt auch als ein „Wir“ auffassen, zusammensetzt aus internalisierten Ahnen, deren letzte Instanz die leiblichen Eltern sind. Aber auch die unbewusste Verbundenheit mit Mitmenschen und Mitwelt kommt hier in tieferen Schichten ins Spiel. Braun formuliert es für den therapeutischen Kontext so: „Im intersubjektiven Feld ereignen sich jene emotional intensiven geistigen Berührungen zwischen beiden, welche Jung <participation mystique> und Daniel Stern <now moments oder Begegnungsmomente> ... nennt und in denen Entwicklung durch affektiv bedeutsame neue Beziehungserfahrungen geschieht“ (2016, S. 53).

Im Zentrum der Psychotherapie steht die Beziehung, die Begegnung im intersubjektiven Feld, die immer ein Begegnungsraum mit bewussten und vielen unbewussten Komponenten ist. Hier taucht die Frage auf, ob sich westliches Denken darüber, wie therapeutische Beziehungsgestaltung gelingen kann, ohne weiteres auf die chinesische Mentalität übertragen lässt. Dazu muss man sich zunächst einmal mit dieser Mentalität beschäftigen, indem man auf die traditionelle Kultur und ihre Prägungen schaut.

Die altchinesische Kultur

In den Anfängen der chinesischen Philosophie begegnet uns das ca. 5000 Jahre alte I Ging, das Buch der Wandlungen (Wilhelm, 1976), welches sowohl Lao Tse als auch Konfuzius beeinflusste. Die Übersetzung durch den Sinologen Richard Wilhelm und der psychologische Kommentar von C. G. Jung (Jung, 1988, S. 587–606) machten es auch in den westlichen Kulturen bekannt. Seine Befragung durch das Werfen von Münzen oder Abzählen von Schafgarbenstengeln wird, vor allem seit den 1960er Jahren, auch von westlichen Menschen als Zugang zu tieferen Schichten des Unbewussten praktiziert. Jung bezeichnete Phänomene, wie sie bei der Befragung des I Ging entstanden, als „Synchronizität akausaler Zusammenhänge" (Jung, 1952). Da über das Kollektive Unbewusste alles mit allem verbunden sei, offenbarten sich hier sinnvolle Koinzidenzen, indem man den Zufall als eingebettet in ein sinnvolles Ganzes betrachtet.

Konfuzius

Der Schwerpunkt von Konfuzius beziehungsweise Kung-tse liegt auf den Gesetzmäßigkeiten, die das menschliche Zusammenleben und die zwischenmenschlichen Beziehungen, auch in ihren hierarchischen Ordnungen, regeln und zur Harmonie führen. Seine Schriften spielen im chinesischen Verständnis von gesellschaftlichen und politischen Verhältnissen bis in die heutige Zeit eine Rolle – bewusst oder unbewusst.

Tradition meint bei ihm ein symbolisch bedeutsames Ehren der alten Sitten und der Toten. Damit knüpft er an den Ahnenkult, die weltweit ursprünglichste Form von Religion, an. „Ein besonders wichtiges Ritual … ist der Ahnenkult. Vor allem im konfuzianischen Asien bestand ja immer schon die Überzeugung, dass lebende und tote sowie diesseitige und jenseitige Wesen keineswegs strikt voneinander getrennt sind, sondern dass vielmehr fließende Übergänge bestehen" (Weggel, 1989, S. 287).

Diese innere Beziehung zu den Vorfahren wurde im Westen in der modernen psychologischen und psychotherapeutischen Forschung wiederentdeckt (vgl. z. B. Schützenberger, 2003) und taucht heute in den systemisch-transgenerationalen Aspekten psychotherapeutischen Denkens und Handelns wieder auf. Die Kompatibilität chinesischen und systemischen Denkens wurde bereits erwähnt. Hier wird sie auch aus dem chinesischen Denken heraus verständlich, aus der Tradition des sich an die Ahnen, also das Familiensystem, richtenden Rituals. Die große Bedeutung von Musik, Tanz und dramatischen Gestalten, von Kunst im weitesten Sinne überhaupt, im rituellen Geschehen sowie deren Relevanz für moderne Psychotherapien mit künstlerischen Medien wurde andernorts bereits beschrieben (Timmermann,

2004, S. 17 ff u. 2020, S. 126 ff), ebenso die Kombination systemischer Aufstellungsarbeit mit musiktherapeutischen Vorgehensweisen (Timmermann, 2003).

Eine Beziehung zu musiktherapeutischen Grundlagen kann man auch im Konfuzianismus erkennen, wenn es heißt: „Das Handeln des Menschen soll Ausdruck sein, Ausdruck seiner Beziehungen zu anderen, Ausdruck seiner Person: hier liegt auch der Grund, der Kung-tse die Musik so sehr lieben und schätzen lässt" (Granet, 1971, S. 39).

Nach Konfuzius ist die höchste Tugend die Menschlichkeit. „...ein wahrer Mensch ist nicht ein Muster an Rechtschaffenheit und Prüderie oder ein Tugendbold, sondern er weiß, dass Verfehlungen der echten menschlichen Natur so notwendig sind wie das Salz unserer Nahrung. Nur mit den Rechtschaffenen ist das Zusammenleben unmöglich, weil sie keinen Humor haben, die wahre menschliche Natur nicht zulassen und ihres eigenen Schattens in gefährlichem Maß unbewusst sind ... Der menschlichen Natur vertrauen heißt, das Gut-und-Schlechte in ihr annehmen, und es ist schwer, Menschen Vertrauen zu schenken, die zu ihren Schwächen nicht stehen können" (Watts, 1983, S. 126 f).

Auch das sind psychologisch sehr moderne Gedanken mit hoher Relevanz für die Psychotherapie. Es erinnert an die Authentizität bei Winnicotts „wahrem Selbst" und auch an C. G. Jungs Begriff des „Schattens" und ebenfalls die Notwenigkeit seiner Integration ist hier berührt. Ganz allgemein kann man hieraus die psychotherapeutische Intention ableiten, den Menschen mit sich selbst zu versöhnen, um „ganz" im Sinne von „heil" zu werden.

Daoismus

> *„Wenn die Lehre des Konfuzius bis heute die Struktur der chinesischen Gesellschaft bestimmt, so ist es der Daoismus, der das chinesische Denken und die Psyche des Einzelnen prägt, wobei sich beide Lehren ergänzen und beide die Entwicklung des weniger konsistenten östlichen Selbst prägen. Wenn das abendländische Denken durch Logik, Zielgerichtetheit und Rationalität bestimmt ist, so ist es in der daoistischen Tradition kontextorientiert, beweglich, auf das Ganze bezogen (holistisch) und dialektisch. Die Wirklichkeit befindet sich in der chinesischen Vorstellung in einem ständigen Wandel und ist voller Widersprüche. ... Sie grenzen sich in dieser Begrifflichkeit von Hegel ab, weil es in der daoistischen Dialektik keine Synthese gibt: Widersprüche und Unvereinbarkeiten bleiben bestehen" (Haag, 2012, S. 37).*

Der Daoismus tritt in China in zwei Formen auf: 1. Als Philosophie und 2. als Religion (Miyuki, 1984, S. 35). Vermischt mit allerlei magischem Denken gilt er dann als die eigentliche Religion des Volkes, wenngleich es nie Institutionen wie unsere christlichen Kirchen gab. Seine Wurzeln sind im 4. Jahrhundert v. Chr. zu finden. Die wichtigsten alten Schriften dazu sind das „Dao De Jing" von Laotse (Wilhelm, 1974) und „Das wahre Buch vom südlichen Blütenland" von Dschuang Dsi (Wilhelm, 1974). Dao gilt als die Quelle allen Seins, als die nicht mit Worten definierbare, mysteriöse fundamentale ungeteilte Einheit, in der alle Widersprüche und

Unterschiede des Seins aufgehoben sind (Stikker, 1988, S. 31). Dao ist die ewige Ordnung des Kosmos, das Unwandelbare im Wandel, also das absolut Wertvolle, zeugender Realgrund und seine Ordnung (Weber, 2006, S. 477). „Nur absolute Fügsamkeit in die unabänderlichen kosmischen und sozialen Ordnungen führten eben zum Stillewerden, zu jener Bändigung der Leidenschaften, welche im übrigen auch in der Heilslehre Laotses durch Musik ... befördert wurde“ (ebd., S. 482).

Das alte chinesische Denken ist orientiert am Begriff des „Nicht-Handelns“, d. h., die Welt befindet sich in einem Prozess, einer permanenten Veränderung, in die der Mensch nicht eingreifen, sondern der er sich anpassen soll. Dem entsprechen eine Haltung der Gelassenheit und gleichzeitig ein Streben nach Harmonie, nach Im-Einklang-sein mit dem größeren Ganzen, in das der Mensch eingebunden ist. „Der Taoismus sucht Einheit und Harmonie durch Zurückverfolgen der universellen Muster zu ihrem Ursprung“ (ebd., S. 213), was dem Begriff „religio“ in seiner Bedeutung als „Rückverbindung“ entspricht. Vom Menschen erfahren werden kann das Dao nicht an sich, sondern nur in seiner Beziehung zur Welt (Miyuki, 1984, S. 78).

Der Fokus liegt im Wesentlichen nicht auf festen Vorstellungen von der Wirklichkeit, sondern auf Transformation, auf ständigem Wandel, bei dem jeder Beobachter selbst Teil eines nahtlosen Gewebes ist. Hier stoßen wir wiederum auf die Idee eines Feldes als einem Wirklichkeitsmodell, das sehr modernen naturwissenschaftlichen Erkenntnissen und psychotherapeutisch-systemischem Denken entspricht.

In der daoistischen Kunst wird dies dargestellt durch wellenförmige Bewegungen und sich kräuselnde Muster (Rawson & Legaza, o. J., S. 9). „Der ideale Taoist ist jener, der gelernt hat, alle seine Sinne und Fähigkeiten zu nutzen, um die Formen der Ströme im Tao zu erfassen, um sich so ganz mit ihnen in Einklang zu bringen... in der taoistischen Kunst wie im taoistischen Leben war Harmonie das Ziel, ... die zum Einklang zwischen den Menschen und dem bewegten Universum und zu höchster Gelassenheit führt. Jedoch ist Harmonie unmöglich ohne <Kräfte>, die harmonisieren“ – und diese Kräfte erwachsen aus den Künsten (Rawson & Laszlo L., o. J., S. 11 f).

Daoistisches Gedankengut wird von zeitgenössischen Autoren reflektiert und durchaus auch als ergänzende Haltung der Gelassenheit dem westlich geprägten Menschen empfohlen. „Wer sich der Lebenskunst des Tao zuwendet, sich dem intuitiven Handeln verschreibt und sich hineinfallen lässt in die Geborgenheit der eigenen inneren Autorität, wird das Leben und seinen Alltag in Zukunft mit anderen Augen sehen. Diese Geisteshaltung ist *wirkliche* Sicherheit, aber interessanterweise verliert der Gedanke an Sicherheit weitgehend seine hohe Bedeutung, wenn wir erst einmal gelernt haben, unser Leben dem Strom des Tao zu überlassen... Sie können jegliche Art von Zielsetzung aus Ihren Gedanken streichen, denn wenn Sie aufmerksam im Hier und Jetzt dem Lauf des Lebens folgen, trägt Sie dieses an jeden beliebigen Ort“ (Fischer, 1996, S. 19 f).

Ein moderner psychologischer Begriff für diesen Zustand ist „Flow" (Csikszentmihalyi, 2008). Ein Beispiel dafür wäre das ganz versunkene Spiel des Kindes, eine Fähigkeit, die Künstler sich bewahren, um aus einer solchen Haltung heraus schöpferisch zu sein. In der Musiktherapie könnte man es auf jene – durch positiven Beziehungsaufbau und geeignete Angebote – allmählich entstehende Atmosphäre beziehen, in der ein Patient sich in den improvisatorischen Selbstausdruck versenken kann, so dass dieser immer authentischer wird. Im musiktherapeutischen freien Improvisieren kann es gelingen, die kontrollierenden Über-Ich-Wirkungen in den Hintergrund treten zu lassen und damit unnötige Abwehr und Widerstände loszulassen.

Dieser Zustand stimmt auch ziemlich überein mit jener Therapeutenhaltung, die ich gern als „zielorientierte Absichtslosigkeit" bezeichne. Damit wird in gewisser Weise das Paradoxe im Sein sprachlich symbolisiert. Ziel ist es natürlich, die Gesundheit von Patient*innen in der jeweils angemessenen Form zu fördern. Gleichzeitig bestimmt dieses Ziel nicht unbedingt methodisch festgelegtes aktives Therapeutenverhalten, sondern durch Nicht-Handeln (chinesisch „Wu Wie") können sich zielführende Prozesse aus dem Patienten heraus inszenieren. In einer Atmosphäre von Aufmerksamkeit, Achtsamkeit, Stille als Voraussetzung für Musik in der Musiktherapie, im Frei-Sein von Zielen und Absichten entsteht ein Frei-Raum, ein Spiel-Raum, in dem behandelte Menschen sich zu öffnen vermögen und zunehmend zu einer inneren Harmonie, in eine individuelle Stimmigkeit mit sich und der Mitwelt kommen können.

Wenn Marie-Louise von Franz schreibt „Mein Ich hat es nicht gemacht, es fiel mir plötzlich zu – das ist Geist" (1987, S. 26), definiert sie den Zufall als Aspekt eines transpersonalen Geistes, der aber eben einen leeren bzw. entleerten Raum benötigt, um sich manifestieren zu können. Dabei ist die logische Weiterführung des Spruchs „Der Weg ist das Ziel" in diesem Sinne : „Nur das Ziel ist im Weg." – im Sinne einer Offenheit für das, was sich wie von selbst einstellen möchte. Im chinesischen Daoismus geht man bereits seit Jahrhunderten davon aus, dass der schöpferische Mensch nicht aus dem konditionierten ichhaften Teilaspekt des Selbst heraus handelt, sondern aus der Quelle eines größeren Selbst schöpft. Das Zitat von Marie-Louise von Franz meint diese möglichst absichtsfreie situative Haltung, die eben nicht immer das Ziel sprichwörtlich vor den Augen hat, sondern den Blick freigibt für das, was sich einer offenlassenden Wahrnehmung der Wirklichkeit anbietet.

So lässt sich ein Bezug zur modernen Therapeutenhaltung über den Daoismus, über Lao Tse herstellen. In dem ihm zugeschriebenen „Dao De Jing" geht es im Wesentlichen um Begriffe wie Still(e)halten, Absichtslosigkeit, Abwartenkönnen, „bis das Wesen, die <Mitte> aus uns spricht, ...wirken durch das, was man ist" (Fischer, 1996, S. 29). Hier gibt es für den Westen durchaus etwas zu lernen von der Gelassenheit der asiatischen Kulturen. Gerade für die Therapeutenrolle ist das geduldige Abwartenkönnen, das sich aus der Beziehung zu Patient*innen und Klient*innen inszeniert, eine ganz wesentliche Qualität. Auch wenn unsere westlichen psychotherapeutischen Lehrbücher uns das vermitteln, zieht das nicht immer eine entsprechend authentische therapeutische Haltung nach sich...

Gesundheit und Psychotherapie

Wie Yin Tian in ihrer Einleitung mitteilt, setzt sich das chinesische Zeichen für „Gesundheit“ aus den Zeichen „Pflanze“ und „Musik“ zusammen. Die physische Medizin aus materiellen Heilmitteln und Anwendungen geht hier zusammen mit der Musik als feinstoffliche Harmonie in enger Beziehung zu seelischen Gestimmtheiten. So wie traditionell in der Musik gestimmte materielle Instrumente harmonische Zahlenbeziehungen im Grenzbereich materiellen Schwingens hervorbringen, wirken pflanzliche und andere Wirkstoffe und Anwendungen auf die Wiederherstellung von Harmonie im ganzheitlichen bio-psycho-sozialen System des menschlichen Organismus. Dies könnte man durchaus als einen psychosomatischen Ansatz deuten, in dem die Musiktherapie einen Platz verdient.

Was den chinesischen Gesundheitsbegriff anbetrifft, steht im Vordergrund generell ein ganzheitliches und analogistisches Weltbild. „Nichts geschah hier ohne Analogie im psychologischen, gesellschaftlichen, kosmischen oder aber im Geisterbereich“ (ebd., S. 39). Himmelsrichtungen als „Weltenrichtungen“ und Beginn einer Analogiekette aus Herrscher der Jahreszeiten (z. B. Grüner Drache), Wesen der Jahreszeit (z. B. Aufblühen), Tageszeit, Elemente, Planeten, Farben, Geschmack usw.

Der Daoismus nimmt auch eine Analogisierung zwischen Landschaft und menschlichem Körper vor. So werden beispielsweise geomantisch ermittelte Plätze für Pagoden, Schreine oder Male als Akupunkturnadeln zu Meridianen des Planeten aufgefasst. „Gilt doch der Mensch als Mikrokosmos, in dem sich alles analog zum Makrokosmos und zur Konstellation der Planeten abspielt“ (ebd., S. 40 f). Von der Landbevölkerung wurden diese Kräfte personifiziert als Geister und Dämonen.

Das ganzheitliche Denken gilt natürlich auch für die Heilkunst. „Die beiden Hauptunterschiede zwischen westlicher Schul- und asiatischer Ganzheitsmedizin bestehen darin, dass nach traditioneller panasiatischer Auffassung Krankheiten selten allein durch physische Ursachen hervorgerufen werden, sondern auf vielfache Einflüsse zurückgehen, die psychosomatischer, psychosozialer, ja manchmal <kalendarischer> Natur sind ... Zweitens kann Heilung nicht mit nur punktuellen Eingriffen in den Körper des Kranken, sondern muss ganzheitlich erreicht werden, d. h. durch Benutzung pharmazeutischer, magischer und in jedem Fall auch sozialer Mittel“ (ebd., S. 46). Ersetzt man nun den Begriff „magisch“ durch psychologisch, sind wir hier im Prinzip bei postmodernem bio-psycho-sozialem Gesundheitsdenken, das zunehmend auch das westliche Denken beeinflusst – ganz im Sinne des anfänglichen Jung-Zitats.

Hier soll allerdings an die Frage angeknüpft werden, inwieweit sich die Beziehungsgestaltung in der westlichen Psychotherapie auf chinesische Verhältnisse übertragen lässt. Interessant ist hierzu der Begriff des „ethnischen Unbewussten“ von George Devereux, der meint, dass ein Individuum mit der Mehrzahl der Mitglieder seiner Kultur diese gemein habe und bestimme, welche Manifestationen des Psychischen zugelassen bzw. verdrängt werden (vgl. Haag, 2012, S. 127). Dies entspräche im jungianischen Modell einer Schicht des Kollektiven Unbewussten, welche unter der familiensystemischen anzusiedeln wäre (vgl. Timmermann, 2020, S. 71 ff). Gerade in unserer globalisierten Zeit mit multikulturellen Gesellschaftsstrukturen wird diese Thematik sehr wichtig für die Psychotherapie allgemein.

Der indische Psychoanalytiker Sudhir Kakar beschreibt als die kulturhistorischen Wurzeln der Psychoanalyse die europäische Antike und Aufklärung. „So könne das delphische <Erkennen Dich selbst> als die geistige Matrix für einsichtsorientierte Psychotherapieformen angesehen werden“ (Haag, 2012, S. 130). Dies erfordere jedoch Introspektion, die beispielsweise in China keine Tradition habe.

Generell interessant sind die Ausführungen der Psychoanalytikerin Antje Haag über ihre Erfahrungen im Rahmen psychotherapeutischer Weiterbildungen in diesem Land zwischen 1988 und 2008. Kontakte zwischen westlichen Analytikerinnen und chinesischen Geisteswissenschaftlern fanden, wie bereits erwähnt, im Zeitraum von 1912 bis 1937 schon einmal statt. Sie endeten, als der japanisch-chinesische Krieg ausbrach und anschließend die Regierung von Mao Tse Tung psychische Krankheiten als Folgen „falscher Ideologie“ und „falschen Klassenbewusstseins“ definierte und Psychiater wie andere Intellektuelle in Umerziehungslager geschickt wurden, wo sie durch „Maos Gedanken“ geheilt werden sollten (ebd., S. 13 f). Nach dessen Tod wurde 1978 zum ersten Mal wieder ein Lehrstuhl für Psychologie an der Pekinger Universität eingerichtet. Auch wurden wieder psychiatrische Kliniken und Forschungsmöglichkeiten für die Behandlung psychisch kranker Menschen eingerichtet. Entsprechend groß war das Interesse an psychotherapeutischer Behandlung im China der 1980er Jahre, welches Haag konstatierte.

Wir hatten bereits festgestellt, dass individualistische westliche Kulturen sich nicht ohne weiteres mit den kollektivistischen Kulturen Asiens vergleichen lassen. Westlicher Psychotherapie gilt das sich abgrenzende Streben nach Autonomie und einer situationsunabhängigen Identität, nach Selbstverwirklichung, Selbstkontrolle und Selbstbestimmung als gesundheitsfördernd. In China wird dies eben eher als egoistisch verurteilt. Der Einzelne gilt nicht als eine von der Familie oder Bezugsgruppe getrennte Einheit. Reife wird als die Fähigkeit des Selbst zur Anpassung an verschiedenste Situationen und Rollen begriffen (Haag, 2012, S. 36).

Auch die in China dadurch traditionell zur Wahrung der Harmonie so wichtige „Gesichtsarbeit“ spielt eine wesentliche Rolle und bewirkt ein starkes Über-Ich. Ein „Gesichtsverlust“ und die damit verbundene Scham betrifft nicht nur das eigene Verhalten, sondern die ganze Familie, und die Angst vor Verlassen- oder Ausgegrenztwerden ist groß. So konstatiert Haag, dass ihr in China überdurchschnittlich viele Patienten mit einer „sozialen Phobie“ vorgestellt wurden, einer Angststörung bezüglich des zwischenmenschlichen Kontakts (2012, S. 44). Auf solche kulturspezifischen Besonderheiten muss jede Form von Psychotherapie sich einstellen, auch wenn es manchmal schwer fällt, sich aus der eigenen, durch das ethnische Unbewusste geprägten Sichtweise zu befreien.

Was die aktuellen Entwicklungen in China anbelangt, gilt es allerdings noch einen weiteren Aspekt dieses Themas zu berücksichtigen, den Haag wie folgt beschreibt: „In China vollzieht sich ohne Zweifel seit etwa 30 Jahren, also seit einer Generation, eine Veränderung der Gesellschaft in Richtung einer Individualisierung ... Wettbewerb und Konkurrenz spielen in der so erfolgreichen chinesischen Geschäftswelt, an Schulen und Universitäten eine große Rolle. Sie beginnen schon in Kinderkrippen ..." (2012, S. 142). Damit geht, wie man es auch in den westlichen Leistungsgesellschaften kennt, ein hohes Aufkommen psychischer Störungen einher, und zwar zusätzlich zu den primären und sekundären Traumatisierungen durch Krieg und Kulturrevolution. Somit gibt es in China einen zunehmenden Bedarf an Psychotherapie.

Die Frage ist eben, wie eine solche im modernen, aber auch traditionellem Erleben und Denken verwurzelte Psychotherapie in China aussehen kann. Haag (2012, S. 144 ff) konstatiert bei ihren Ausbildungskandidaten ein gleichzeitiges Interesse an unterschiedlichen therapeutischen Schulen und einen pragmatischen Eklektizismus, der sich an den Wirkungen orientiert. Auch die Kombination mit buddhistischem und daoistischem Gedankengut wird betrieben. Systemische Familientherapie wird erfolgreich angewendet, da die Familie eine bedeutende Rolle spielt. So wird China hier auf die Dauer eigene Wege beschreiten, die zwar von der westlichen Psychotherapie profitieren, aber die gewachsene ethnische Situation berücksichtigen.

Da westliche Musiktherapie generell als Psychotherapie verstanden wird, sind diese Erfahrungen durchaus relevant für unser Thema. Wie wird sich die im Westen erlernte Musiktherapie an die chinesischen Verhältnisse anpassen? Dazu zunächst einige Gedanken zur Rolle der Musik in China.

Musik

Die ältesten Aussagen zur Musik in China finden sich in dem bereits erwähnten I Ging. Das Zeichen Nr. 16, „Yü, Die Begeisterung", handelt von der Musik: „Ähnlich besitzt die Musik die Macht, die Spannung im Herzen, der dunklen Gefühle Gewalt zu lösen. Die Begeisterung des Herzens äußert sich unwillkürlich im Laut des Gesangs, in Tanz und rhythmischer Bewegung des Körpers. Von alters her wurde die begeisternde Wirkung des unsichtbaren Klanges, der die Herzen der Menschen bewegt und vereint, als Rätsel empfunden. Die Herrscher nützten diese natürliche Neigung zur Musik. Sie erhöhten und ordneten sie. Die Musik galt als etwas Ernstes, Heiliges, sie sollte die Gefühle der Menschen reinigen. Sie sollte die Tugenden der Helden preisen und so die Brücke schlagen zur unsichtbaren Welt" (Wilhelm, 1976 S. 79 f). In dem erläuternden Kommentar Wilhelms wird die Wirkung der Musik verglichen mit der reinigenden Kraft des Donners, des Gewitters, das die Natur erfrischt und lange Spannungen löst, sodass Erleichterung und Freude entstehen können.

Die Bedeutung der Musik ist in China traditionell groß. Seit ältester Zeit stand sie „bei den Chinesen in höchstem Ansehen. Jedes dynastische Geschichtswerk widmete der musikalischen Entwicklung ein besonderes Kapitel" (Robinson & Eckhardt, 1980, S. 258). „Konfuzius war so stark beeindruckt von der Musik, dass er sich einige Jahre lang von der Gesellschaft zurückzog, um sich im Musizieren zu schulen" (Stikker, 1988, S. 128). Er sah sie als Fundament jeglicher Allgemeinbildung, als mit dem Guten, Rechtschaffenen, Natürlichen verbunden, als hervorragendes Mittel, um Gefühle und Stimmungen auszudrücken, als subtile Vereinigung von Materie und Geist (ebd., S. 129).

Geschichtswissenschaftlich lassen sich ihre Anfänge bis ins 2. Jahrhundert v. Chr. nachweisen. Eine stark kosmologisch orientierte und komplex durchbildete Musiktheorie beschäftigte sich mit den Gesetzen der Akkustik, aus denen pentatonische, siebenstufige und chromatische Skalen abgeleitet wurden (Böttger, 1982, S. 208). Musik „entsteht aus dem Maße und wurzelt im großen Einen" (Wilhelm, 1979, S. 56). Auch die Chinesen sahen einen engen Zusammenhang zwischen Zahl und Musik, vergleichbar der abendländischen Harmonik. Manche Sinologen vermuten, dass sie das pythagoräische Forschen und Denken dazu von den Griechen übernommen haben, andere bestreiten dies (Granet, 1971, S. 156 f).

Ritual und Musik sind bedeutsam als vereinigendes Element und gelten als Komplementäraspekt zur Etikette, also zur trennenden Unterscheidung der Menschen. Die Gefühlsregungen sollen zusammenklingen, das bringe Klarheit in die sozialen Pflichten, alles ordne sich so. Die Musik vermöge, die verschiedenen Beziehungen untereinander auszugleichen. So kann der Einzelne sein rhythmisches Tun in den größeren Rhythmus des Ganzen einfügen (vgl. ebd., S. 308 ff).

In dem altchinesischen Klassiker „Frühling und Herbst des Lü Bu We" aus dem 3. Jahrhundert v. Chr. werden neben einem – weder dem Daoismus noch dem Konfuzianismus zuzuordnenden – Kompendium alle möglichen philosophischen, religiösen, psychologischen und gesellschaftlichen Themen zu den ewigen Fragen des menschlichen Daseins behandelt; das 5. und 6. Kapitel ist speziell der Musik gewidmet. Dort heißt es: „Alle Musik wird geboren aus dem Herzen des Menschen. Was das Herz bewegt, das strömt in Tönen aus; und was als Ton draußen erklingt, das beeinflusst wieder das Herz drinnen … Tief ist der Eindruck, den die Musik gewährt" (Wilhelm, 1979, S. 73).

Es gibt jedoch ein klares Wertesystem. Maß und Mitte bestimmen ihre Qualität. „Darum ist die Musik eines wohlgeordneten Zeitalters ruhig und heiter und die Regierung gleichmäßig. Die Musik eines unruhigen Zeitalters ist aufgeregt und grimmig und seine Regierung ist verkehrt" (ebd., S. 62). Musik bewirkt Vereinigung, ein harmonisches Zusammenspiel von Himmel und Erde.

Dieser Grundgedanke wird in den Schriften zur Musik sehr komplex, sehr detailliert weiter ausgeführt, der Ausdruck von Gefühlen ist genau geregelt, ihnen freien Lauf zu lassen, gilt als barbarisch. Die protokollarischen Vorgaben zum Ausdruck von Gefühlen sind stark reglementiert.

Musiktherapie

Für unser heutiges westliches psychologisches und musiktherapeutisches Verständnis ist diese Wertung starken Gefühlsausdrucks als „barbarisch" natürlich problematisch. Hier ist ein deutlicher Unterschied zur modernen Psychotherapie und Musiktherapie, ihren Theorien und Vorgehensweisen zu spüren. Diese sind ja unter anderem aus den Reformbewegungen hervorgegangen, die sich gerade gegen die enge, reglementierende, bürgerliche Kultur und die Entfremdungen der entstehenden Industriegesellschaft richteten und den spontanen Gefühlsausdruck auf körperlicher und künstlerischer Ebene befürworteten.

Die starke Ausrichtung asiatischer Kulturen am Ideal der Harmonie wirkt sich allerdings auch psychologisch aus, vor allem beim Umgang mit Aggressionen. Während Streitkultur bei uns im Westen eher eine Qualität darstellt, und das Äußern von persönlichen Dingen und Gefühlen als ein Sich-Öffnen in nahen Beziehungen und gerade auch in einer Psychotherapie begrüßt wird (wenn auch nicht selten durchaus mit längeren „Anlaufphase), gilt ein solches Verhalten in Asien eher als ein Zeichen schlechter Erziehung und schlechten Benehmens. Dies ist im Hinblick auf westliches Psychotherapieverständnis zunächst scheinbar eine problematische Einstellung, soll in diesem geschützten Rahmen doch gerade erlernt werden, im Rahmen der Sozialisation unterdrückte Gefühle – und dazu gehört beispielsweise auch Wut und entsprechendes „auf die Pauke hauen" – zuzulassen, damit sie nicht Lebendigkeit, Offenheit und andere psychische Befindlichkeiten stören bzw. pathologische Entwicklungen auslösen.

Ein weiterer wichtiger Begriff im asiatischen Leben, der unmittelbar mit damit zu tun hat, ist „Atmosphäre" (Weggel, 1989, S. 297 f). Einerseits knüpft er so an die unbedingte Wahrung von Harmonie an, dass wir im Westen vermutlich von „Scheinharmonie" sprechen würden, andererseits können wir hier womöglich für die therapeutische Situation auch etwas lernen über das Schaffen von „Atmosphäre" – ein Begriff, der in den letzten Jahren ja auch musiktherapeutisch Tätige und Forschende beschäftigt, der viel mit Empathie und einem empathischem Umgang mit den jeweiligen Situationen zu tun hat. Ein abstinentes, sich selbst zurückhaltendes Therapeutenverhalten ist ja weit verbreitet als westliches Ideal, denn indem sich die Atmosphäre der Patient*innen und Klient*innen entfalten kann, wird seelisches Leben deutlich und bearbeitbar.

Die daoistische Haltung als ein Aspekt chinesischen Geisteslebens lässt einen wesentlichen Bezug zur musiktherapeutischen Improvisation erkennen, wenn die Behandelten eingeladen werden, sich im Erleben und Spielen auf das einzulassen, was aus ihnen heraus geschieht, im Spannungsfeld von absichtslosem und gestaltendem Spiel, von Unbewusstem und Bewusstem. Der Daoismus sucht seine symbolischen Bilder für psychische Vorgänge in der Natur, und Natur bedeutet im daoistischen chinesischen Denken das Spontane, das unabhängig aus sich selbst heraus so ist und wirkt (Watts, 1983, S. 76). Auch dazu kann man die musiktherapeutische Improvisation assoziieren, die ohne Vorgabe, ohne Regeln, ohne Komponisten oder Dirigenten einfach so entsteht, fließt und wirkt.

Wie aus dem Text von Yin Tian hervorgeht, wird zwar auch in der aktuellen chinesischen Musiktherapie und Ausbildungspraxis das charakteristische Orff-Instrumentarium eine Rolle spielen, allerdings wird eher in strukturierten Formen und nicht improvisatorisch und tiefenpsychologisch assoziativ gearbeitet. Aus der traditionellen chinesischen Kulturgeschichte geht allerdings hervor, dass Spontaneität mit dem chinesischen Wesen nicht grundsätzlich unvereinbar ist. Wir werden sehen, mit welchen Vorgehensweisen sich die in den westlichen Ländern ausgebildeten Musiktherapeutinnen und Musiktherapeuten in dieses Gesundheitssystem einfügen werden. Dringt hier vielleicht der Geist des Westens ein und ermöglicht neue Sichtweisen?

Literatur

Aster, E. von (1963). *Geschichte der Philosophie*. Stuttgart: Kröner, S. 22 ff.

Böttger, W. (1982). *Kultur im alten China*. Leipzig: Urania.

Braun, C. (2017). *Die therapeutische Beziehung. Konzept und Praxis in der Analytischen Psychologie C. G. Jungs*. Stuttgart: Kohlhammer.

Csikszentmihalyi, M. (2008). *Flow – der Weg zum Glück*. Freiburg i. Br.: Herder.

Decker-Voigt, H.-H., Oberegelsbacher, D., & Timmermann, T. (2020). *Lehrbuch Musiktherapie* (3. Aufl.). München: Reinhardt UTB.

Dürr, H.-P., & Österreicher, M. (2001). *Wir erleben mehr als wir begreifen. Quantenphysik und Lebensfragen*. Freiburg: Herder.

Fischer, T. (1996). *Wu Wei. Die Lebenskunst des Tao*. Hamburg: Rowohlt, S. 19 f.

Franz, M. L. von (1987). *Wissen aus der Tiefe. Über Orakel und Synchronizität*. München: Kösel.

Granet, M. (1971). *Das chinesische Denken – Inhalt, Form, Charakter*. München: Piper.

Haag, A. (2012). *Versuch über die moderne Seele Chinas. Eindrücke einer Psychoanalytikerin*. Gießen: Psychosozial-Verlag.

Hamilton, C., & Ohlberg, M. (2020). *Die lautlose Eroberung*. München: Deutsche Verlags Anstalt.

Jung, C. G. (1952). Synchronizität als ein Prinzip akausaler Zusammenhänge. In C. G. Jung & W. Pauli, *Naturerklärung und Psyche*. Rascher, Zürich

Jung, C. G. (1988). *Zur Psychologie westlicher und östlicher Religion*. Gesammelte Werke Bd. 11. Olten [u.a.]: Walter.

Miyuki, M. (Hrsg.) (1984). *Die Erfahrung der Goldenen Blüte*. München: Scherz.

Neumann, E. (o. J.). *Ursprungsgeschichte des Bewusstseins*. München: Kindler.

Rawson, P., & Legeza, L. (o. J.). *Tao. Die Philosophie von Sein und Werden*. München: Droemer Knaur.

Robinson, K., & Eckardt, H. (1980). China. In J. Kuckertz (Hrsg.), *Außereuropäische Musik in Einzeldarstellungen* (S. 258–276). München/Kassel: Dtv Bärenreiter.

Schützenberger, A. A. (2003). *Oh meine Ahnen. Wie das Leben unserer Vorfahren in uns wiederkehrt*. Heidelberg: Carl-Auer-Systeme Verlag.

Sheldrake, R. (1999). Einführung. In H.-P. Dürr & F.-P. Gottwald (Hrsg.), *Sheldrake in der Diskussion. Das Wagnis einer neuen Wissenschaft des Lebens* (S. 15–41). München: Scherz.

Stikker, A. (1988). *Tao, Teilhard und das westliche Denken*. München: Scherz.

Tan, A. (2003). *Das Tuschezeichen*. München: Goldmann.

Timmermann, T. (2003). *Klingende Systeme. Aufstellungsarbeit und Musiktherapie*. Heidelberg: Carl-Auer-Systeme-Verlag.

Timmermann, T. (2004). *Tiefenpsychologisch orientierte Musiktherapie. Bausteine für eine Lehre*. Wiesbaden: Reichert.

Timmermann, T. (2020). *C. G. Jung, die Musik und die Musiktherapie*. Wiesbaden: Reichert.

Watts, A. (1983). *Der Lauf des Wassers. Eine Einführung in der Taoismus*. Berlin: Suhrkamp.

Weber, M. (2006). *Religion und Gesellschaft. Gesammelte Aufsätze zur Religionssoziologie*. Frankfurt a. M.: Zweitausendeins.

Weggel, O. (1989). *Die Asiaten*. München: Beck.

Wilhelm, R. (Hrsg.) (1974a). *Laotse. Tao te king. Das Buch des Alten vom Sinn und Leben*. Düsseldorf/Köln: Eugen Diederichs.

Wilhelm, R. (Hrsg.) (1974b). *Dschuang Tsi. Das wahre Buch vom südlichen Blütenland*. Düsseldorf/Köln: Eugen Diederichs.

Wilhelm, R. (Hrsg.) (1979). *Frühling und Herbst des Lü Bu We*. Düsseldorf/Köln: Eugen Diederichs.

Wilhelm, R. (Hrsg.) (1976). *I Ging. Das Buch der Wandlungen*. Düsseldorf/Köln: Eugen Diederichs.

Vom Umgang mit dem Körper und Körperlichen in Musik- und Psychotherapie

Hans Ulrich Schmidt

Einführende Überlegungen

In primär verbal orientierten (Richtlinien)Verfahren und auch in Psychotherapien mit künstlerischen Medien vollzieht sich bei sprachfähigen Patientinnen und Patienten emotionale Anteilnahme in erster Linie auf verbalem Weg. Gumz et al. (2014) stellten in einer zusammenfassenden Übersicht ambulanter Psychotherapie gängige verbale Interventionstypen in psychodynamischen Settings zusammen. Sie beschrieben 37 verbale Interventionskategorien. Gleichzeitig konstatierten sie, dass die Untersuchung von expliziter Sprache allein etwa als Erklärung der Entstehung von Empathie nicht ausreiche. „Wir wissen, dass die nonverbale therapeutische Kommunikation äußerst bedeutsam und mit verbalen Informationen und prosodischen Merkmalen eng verflochten ist. Nichtsdestotrotz ist vor allem die Sprache das Werkzeug des Therapeuten. Zumindest bewusst interveniert er primär verbal, und die verbalen Äußerungen machen einen bedeutsamen Teil der Aktivitäten und Geschehnisse in den Sitzungen aus“ (ebd., S. 222).

Hier wird zum einen durchaus eine gewisse Würdigung auch der Wichtigkeit nonverbaler Kommunikation spürbar, verbunden allerdings – zum anderen – mit der Feststellung, dass der Fokus von Forschungsbestrebungen, was ambulante psychotherapeutische Behandlungseffekte anbelangt, ganz auf das explizit Verbale gerichtet ist. M. E. besteht hier in der aktuellen Psychotherapieforschung – auch übrigens in der psychodynamisch ausgerichteten – ein nach wie vor zu wenig beachteter Bereich gerade z. B. auf dem Feld der psychosomatischen Medizin, die es doch in hohem Masse etwa mit Patient*innen zu tun hat, die sich gerade nicht primär über Sprache ausdrücken können. In der Regel wird explizit rsp. implizit davon ausgegangen, dass hier etwa körperorientierte Verfahren „ihre Zuständigkeit“ haben, die allerdings in aller Regel a) stationär verortet sind, b) nur über einen kurzen Zeitraum angewandt werden, c) meist in Gruppen stattfinden.

Natürlich gibt es – jenseits der Sprache – z. B. in der Musiktherapie, das sog. „Fürspiel“ (siehe auch Timmermann, 2004, S. 81 ff; Timmermann, 2020, S. 54 ff, S. 68 ff) oder verschiedene aktive musikalische Vorgehensweisen und Zuwendungsmöglichkeiten, die über verschiedenste Effekte (seien sie mehr inhaltlich musikalischer, seien sie mehr instrumentaler Natur – etwa über vibratorische Eigenschaften von Instrumenten) starke Auswirkungen auch auf körperliche Vorgänge haben können. Eine auch in der Entwicklung der Musiktherapie wichtige Protagonistin für auf den Körper ausgerichtetes Vorgehen war Gertrud Loos. In ihrem „Klassiker“ Spiel-Räume (1986) berichtet sie aus der Arbeit mit einer anorektischen Patientin: „In der Körperwahrnehmung kamen wir zunächst nicht weiter. Sie hatte kein Körperbewusstsein. Oder wollte sie sich ihres Körpers nicht bewusst werden? ... Ich will diese vielen lähmenden Stunden, die auch mich so müde machten, wie ich es gar nicht kannte von mir, hier nicht ausführlich beschreiben ... Jede Wendung in Richtung Körper wurde mit Verbissenheit abgewehrt: *es* war zu kalt, oder *es* tat weh, oder *es* dehnte sich aus (beim Atmen) usw. Einmal nieste sie, das konnte ich aber nur ahnen, denn alles, was beim Niesen ausgestoßen werden soll zum Säubern der Atemwege, das wurde kaschiert, durch ein kleines Zucken virtuos nach innen genommen und dort an das wehrlose Zwerchfell zurückgeschmettert. Es sah aus, als wenn ein Schuss nach innen losginge. Das war mein Aufhänger. Ich holte ein schön bebildertes Medizinbuch und zeigte ihr die inneren Organe: Lungen, Zwerchfell, Brust, Hals, und erklärte ihr das Funktionieren von Atem und Kreislauf. Ich sagte, wozu es Niesen gäbe und was sie daraus gemacht habe“ (ebd., S. 29).

Das „Verdikt“ der Dichotomisierung

Bis heute stehen wir in der psychosomatischen Medizin vor einem gewissen Dilemma: Einerseits behandeln wir nicht selten etwa Patient*innen mit sog. frühen Störungen, bei denen der Körper, ob via Gestik, ob via körperliche Reaktionen o. ä. eigentlich das primäre Kommunikationsmedium darstellt, andererseits achten wir in der Psychotherapie äußerst streng darauf, jegliche Form körperlicher Kommunikation (wie etwas das tröstende Auflegen des Behandler*innenarms auf den unserer Patient*innen, um ein typisches Beispiel ärztlicher Kommunikation zu nennen) nach Möglichkeit zu vermeiden. „Eine interessante Frage wäre, wie viele psychodynamisch oder auch behavioristisch orientierte Psychotherapeuten eine therapeutische Intervention möglicherweise konflikthaft erleben könnten, die z. B. starker Traurigkeit eines Patienten in der Weise begegnet, dass sie einen spontanen therapeutischen Gegenübertragungsimpuls wie z. B. den Wunsch, die Hand tröstend auf den rechten Unterarm des Patienten zu legen, unterdrückt und in eine sublimierte verbale Reaktion umwandelt“ (Schmidt, 2017, S. 13).

Kaum ist nur ein solcher Gedanke formuliert, ist man in der Regel vor allem mit drei Argumenten konfrontiert:

- In der Psychotherapie, insbesondere den Richtlinienverfahren, soll jegliche Form direkter Bedürfnisbefriedigung vermieden werden. Sie schade den Klienten und berge die Gefahr einer Erzeugung von Abhängigkeit in sich.
- Im Gegenteil liege eines der Geheimnisse des Erfolgs einer psychotherapeutischen Behandlung in der Sublimierung, also der Unterdrückung rsp. produktiven Umwandlung jeglicher Triebwünsche und Gedanken, Einstellungen, Tätigkeiten etc.
- Schnell erscheint dann fast regelmäßig – auf dem Hintergrund der Abstinenzverletzung durch *jegliche* körperliche Zuwendung – das Missbrauchsargument: „Das Abstinenzgebot ... gilt in allen nicht pervertierten Psychotherapien; der

> Vollzug wäre ein Verrat am Therapievertrag, dessen Inhalt das Ziel der Autonomie und damit die Unabhängigkeit vom Therapeuten, d. h. aber auch der Zuwachs an Sublimierungsfähigkeit sein muss ... Abstinenzregel, Übertragungs-Gegenübertragungs-Konzept und eine elaborierte Theorie schützen ihn (den Therapeuten, der Verf.) vor dem gemeinsamen Verfall an eine unsublimierte Beziehungsform" (Speidel, 2013, S. 61).

Es sollte aber nicht vergessen werden, dass sich die ursprünglich praktizierte Psychosomatik stark dem Körper zuwandte und in vielen psychosomatischen Kliniken eine körperlich ausgerichtete Behandlung im Vordergrund stand. Erst die immer stärkere Etablierung psychoanalytisch oder psychodynamisch ausgerichteter Verstehens- und Behandlungszugänge lenkte das Augenmerk mehr und mehr auf psychologische Vorgänge, denen der Körper quasi „zu folgen" hatte. Heute spielt das verbale Vorgehen letztlich *die* dominierende Rolle. In psychosomatischen Kliniken geht das so weit, dass – meist vor allem aus ökonomischen Gründen – zusätzliche somatische Abklärungen, insbesondere, wenn diese umfassender sind, ausgelagert und gern auf einen Zeitpunkt nach der stationären Entlassung verlagert werden.

Georg Groddeck etwa, einer der „Gründerväter" der Psychosomatik, schreibt: „Wir besitzen aus den letzten Jahrzehnten ganze Bibliotheken von Abhandlungen über die Blinddarmentzündung, über die Gallensteine und über die Herzneurosen. Es steckt in diesen Arbeiten soviel Fleiß und soviel Nachdenken, daß man denken sollte, der praktische Arzt, der das alles gelesen und in sich aufgenommen hat, müsse Wunder verrichten. In Wahrheit findet er aber darin nicht annähernd so viel Belehrung für sein handeln, wie er aus einem einzigen aufmerksamen und verständigen Prüfen des Bauchs gewinnen kann…" (Groddeck, 1985, S. 249–250). Gerade bei Groddeck findet sich eine stark auf das Körperliche ausgerichtete Herangehensweise an psychosomatische Fragen. Dabei verwendete er „die Begriffe ‚Psychosomatik' und ‚psychosomatische Medizin' nie und sprach auch selten von ‚psycho-physisch', jenem Begriff, der in den 20er Jahren der übliche war, wenn man sich mit den Wechselwirkungen von Psyche und Physis beschäftigte. Ihm schienen alle Begriffsbildungen unbrauchbar, die eine Differenz zwischen Psyche und Körper nahelegten. In der ärztlichen Praxis gehe man, meinte er, wie im Leben von einem einheitlichen organischen Zusammenhang des Leibes mit der Seele aus" (Will, 1987, S. 10). In vielen seiner Äußerungen findet sich stets der Versuch, eine Dichotomisierung in Psychisch versus Körperlich zu vermeiden.

Interessant ist auch Groddecks Auffassung des Sprachlichen als eines deutlich über das Explizite hinausgehenden Mediums: „Die sprachlichen Mitteilungen und Assoziationen seiner Patienten und seiner selbst nahm Groddeck nie als eindeutige objektive Aussage. Die Sprache erschien ihm, ihre Wörter, Ausdrücke, Sätze, als ebenso vieldeutig und individuell bestimmbar wie die Krankheitssymptome. Auch sie war Ausdruck der schöpferischen Tätigkeit des Es, dem es nie um Eindeutigkeit, sondern immer um die Darstellung komplexer Zusammenhänge in scheinbar einfachen Symbolisierungen ging. Ein naiver, kindlicher Umgang mit der Sprache war für Groddeck ein wichtiges Mittel, das hintergründige Spiel des Es zu erkennen und anzuregen. Vor allem arbeitete er mit assoziativen Sprachverknüpfungen – konkreter-abstrakter Wortsinn zum Beispiel, Begriffsverwandtschaft, Sinnähnlichkeit und Sinnwandel, Erinnerungsfülle der Begriffe, Laut-Klangähnlichkeit, spielerische Wortabwandlung“ (Will, 1987, S. 157).

Ein Jahrhundert nach Groddeck schreibt Pesso: „Die kartesianische Dualität (Seelisches versus Körperliches) ist unbrauchbar. Die neue Gehirnforschung macht dies völlig klar. Körper und Geist sind eins. Neurologische Untersuchungen zeigen, dass unser Bewusstsein und unsere Gedanken aus Wahrnehmungen und Informationen erwachsen, die während interaktiver Erfahrungen vom Körper ausgehen … Während wir aufwachsen, lehren uns die Erfahrungen, die wir in unserem Körper in Begegnungen mit dem Rest der Welt machen, wie wir in dieser Welt zurechtkommen können. Diese körperbezogenen Erfahrungen sind die Quelle unseres expliziten und unseres impliziten Gedächtnisses und gleichzeitig auch eine Chronik dessen, wie wir bisher in der Welt gelebt haben. Sie sind die Basis unserer Gedanken und Überzeugungen, wie in dieser Welt zu leben ist (Sulz et al., 2005, S. 304).

Und an anderer Stelle führt Sulz et al. (2005) aus: „Die zentrale Bedeutung des Körpers im Hier und Jetzt impliziert auch, dass die wichtigsten Erfahrungen des Menschen von seiner Geburt an bis in die Gegenwart überwiegend als körperliche Erfahrungen gespeichert sind … Wenn diese Erfahrungen noch nicht sprachlich verankert sind, können diese Gedächtnisspuren nicht über den kognitiv-sprachlichen top-down-Weg in Erinnerung gerufen werden … Körpertherapeuten wissen, dass dieses Wiedererkennen oft mit einem intensiven, schmerzlichen Gefühl beginnt … Die zeitliche Kontinuität des schmerzlichen Erinnerns mit der wohltuenden Begleitung sorgt dafür, dass die durch den Erinnerungsvorgang destabilisierte Gedächtnisspur nicht mehr so ausschließlich negativ im Gedächtnis abgelegt wird. Wenn an dieser Stelle auch noch das (körperlich im Hier und Jetzt erlebte) Bewusstsein tritt, nicht selbst an dieser Vergangenheit schuld gewesen zu sein, sondern eigentlich das Recht auf eine Befriedigung kindlicher Bedürfnisse gehabt zu haben, kann diese schmerzliche Kindheitserinnerung nicht mehr ganz so deformierend auf das Selbstgefühl einwirken“ (Sulz et al., 2005, S. 20–21).

Die Psychotherapie trägt der Wichtigkeit der Fokussierung gerade auch auf den Körper insofern Rechnung, als es vor allem im Bereich der stationären Psychotherapie zahlreiche Behandlungsmethoden gibt, die primär auf körperliche Vorgänge fokussiert sind, etwa bewusste Körperwahrnehmung, Progressive Muskelrelaxation nach Jacobson, Autogenes Training, Feldenkrais, Atemtherapie, Konzentrative Bewegungstherapie u. a. Meist sind diese in stationäre Behandlungssettings integriert und dort mit verbalen Zugängen kombiniert. Es besteht zumindest – zeitlich wie räumlich – eine „enge Nachbarschaft“ zwischen körperlichem und verbalem Vorgehen. Ambulant bestehen zum einen ohnehin deutlich weniger Angebote körperlich fokussierter Behandlungszugänge.

Langsam, wenn auch allenfalls vereinzelt, findet sich auch z. B. eine Integration analytischer Körperpsychotherapie in etablierte Psychotherapieausbildungen.

Meist aber schlagen sich derartige Erkenntnisse in „spezialisierten" körperpsychotherapeutischen Zugängen nieder.

Nach wie vor kommt aber gerade in der ambulanten Psychotherapie wie auch Musiktherapie die Dichotomisierung in eine vornehmlich verbale Herangehensweise von psychotherapeutischer Seite und eine für körperliche Vorgänge „zuständige" und verantwortliche ärztliche Seite zum Tragen: Es gibt z. B. für die gängigen verbalen psychotherapeutischen Verfahren keine Behandlungskonzepte in dem Sinne, dass beide Zugänge im Sinne einer integrativen Behandlung enger miteinander verbunden/möglicher werden. Im Gegenteil wird davor (s. o.) in der Regel (streng) gewarnt.

Auch die musiktherapeutische Praxis trennt nicht selten musikalische Erfahrung (ggf. mit entsprechenden Körpererfahrungen) und anschließende verbale Reflexion/Aufarbeitung. Einige einzelne musiktherapeutische Behandlungskonzepte „verdichten" diesen Vorgang zwar zeitlich so gut wie möglich, nach wie vor besteht eine Tendenz zur Dichotomisierung. Häufig gehen in der musiktherapeutischen Praxis den musikalischen Erfahrungen Körper-und Atemwahrnehmungs-Angebote voraus, die auch das Körperliche in die Selbsterfahrung einbeziehen. Die verbale Reflexion/Aufarbeitung bezieht dann das leibliche Erleben wie das musikalische sowie deren Zusammenwirken mit ein. Ausführlich beschrieben wurden diese Zusammenhänge auch in dem Buch „Der Körper in der Musiktherapie" (vgl. Skrzypek et al., 2016).

Die westliche Musiktherapie, die sich zu großen Anteilen tiefenpsychologisch identifiziert versteht, vermag zwar über ihr Hauptmedium Musik z. T. körperliche Vorgänge und Reaktionen direkter als etwa über Sprache zu beeinflussen. Je mehr aber Musiktherapie sich als Psychotherapie versteht (prinzipiell natürlich eine wichtige fachliche wie berufspolitische Errungenschaft!) und je mehr sie als eine „Wegbereiterin der Verbalisierung" fungiert, desto mehr unterliegt auch sie offensichtlich dem „Verdikt" dieser nach wie vor im Wesentlichen bestehenden Dichotomisierung in Psychisch versus Körperlich.

Traditionelle chinesische Medizin als Integrationsmöglichkeit

China ist ein Land, das sich in hohem Maße den Herausforderungen erlebens- und verhaltensbedingter Erkrankungen ausgesetzt sieht. Im Zuge eines ausgeprägten gesellschaftlichen Wandels besteht dort ein rasanter Anstieg an psychischen und psychosomatischen Störungen. Zuletzt wuchs das Bewusstsein über deren Bedeutung. Dabei wurden psychische Erkrankungen z. B. während der Kulturrevolution als Folgen etwa falscher Ideologie und falschen Klassenbewusstseins betrachtet. Die entsprechenden Kliniken waren Revolutionskomitees aus Arbeitern, Bauern und Soldaten unterstellt. „Unter solchen Voraussetzungen ist es unmittelbar verständlich, dass die ohnehin junge Disziplin der Psychotherapie in China damals keinen Boden hatte. Lerntheoretisch orientierte Verfahren waren zwar bis in die

60er Jahre unter dem Einfluss der Sowjetunion angewendet worden, diese Praxis wurde jedoch zu Beginn der Kulturrevolution beendet“ (Haag, 2012, S. 14).

Unterstützend gab es dann seit Ende der 70er Jahre behutsame „Integrationsversuche“ westlicher Psychotherapeut*innen (ausdrücklich erwähnt seien hier die Psychoanalytiker*innen Antje Haag und Ulrich Stuhr, mit denen ich viele Jahre in der Psychosomatischen Abteilung des Universitätsklinikums Hamburg-Eppendorf zusammenarbeiten durfte). Haag (2012, S. 14 ff) beschreibt eindrucksvoll die ersten Kooperationsschritte, als eine deutsche Delegation, in der wesentliche westliche Therapierichtungen repräsentiert waren, 1988 in der Stadt Kunming im Südwesten Chinas, 3000 Kilometer von Peking gelegen, ankam und mit einer „gewissen Narrenfreiheit“ (ebd., S. 14) erstmalig 130 Psychiater*innen und Psycholog*innen aus fast allen Provinzen mit westlichem psychoanalytischen Gedankengut in Berührung brachte. Aus dieser Initiative ging nicht zuletzt – initiiert durch eine „Deutsch-Chinesische Akademie“ – 2001 der erste große internationale Kongress für Psychotherapie „Dialogues Between East And West“ in Kunming mit 540 Teilnehmer*innen aus 13 Nationen hervor. Später spricht Haag in diesem Zusammenhang von einer „atemberaubenden gesamtgesellschaftlichen Entwicklung“ (S. 17).

Aktuell versucht u. a. das Deutsch-Chinesische Alumni-Netzwerk in der Psychosomatischen Medizin und Psychotherapie (DCAPP), psychotherapeutische China-Kompetenz in Deutschland zu fördern. Z. Zt. sind dort ca. 173 Millionen Menschen im Sinne einer Psychotherapie behandlungsbedürftig, aber ca. 158 Millionen bleiben unbehandelt. Laut Länderbericht der WHO lag im Jahr 2010 der Betreuungsschlüssel für die psychiatrische Versorgung bei 1,53 Psychiater*innen pro 100.000 Einwohner*innen.

Prinzipiell wurden und werden in China körperliche Symptome als Gleichgewichtsstörungen der verschiedenen Organsysteme verstanden – oder als ein Mangel an Lebensenergie (Qi). Allein auf diesem Hintergrund sind Widerstände gegen Reflektion möglicher somato-psychischer bzw. psycho-somatischer Zusammenhänge gut erklärbar. Dazu kommt eine Vielzahl von Aspekten, die solche Widerstände auch kulturell erklären (insbesondere der Autoritätsgedanke, der innerfamiliär wie auch politisch in China eine wichtige, prägende Rolle spielt).

Hier kommt nun – für Psychotherapie wie Musiktherapie – die Traditionelle Chinesische Medizin „ins Spiel“, die möglicherweise dazu beitragen kann, oben erörterte Dichotomie zu „mildern“, wenn nicht aufzuheben.

„Die Heilkraft, welch ausgehend vom Therapeuten und durch seine Handlungen aus der göttlichen Sphäre auf den Patienten einwirkt, regt zur Gesundung an, nicht allein der mechanische Aspekt eines Nadelstichs. Der Nadelreiz kann eine tiefere Resonanz mit den Schichten des somatopsychischen Leibes auslösen … Bevorzugt spürt und fühlt der Patient während des Vorganges seinen Leib und die stattfindenden energetischen Veränderungen. Dies bedeutet, dass ein tiefgreifender Heilungsprozess erst in Gang gesetzt werden kann, wenn ein Zugang zu den Quellen der schöpferischen Vitalität gefunden wurde. Dies ermöglicht beiden Beteiligten, dem Therapeuten und dem Patienten, eine Konkordanz mit den kosmischen Gesetzmäßigkeiten, denen alles Lebendige unterworfen ist. Dies offenbart uns, dass wir trotz der Autonomie und Individualität unserer Existenz dennoch in permanenter Resonanz mit und Beeinflussung von diesen Kräften stehen" (Hammes & Schwarz, 2018, S. 23–24).

Hammes & Schwarz beschreiben die folgenden Grundsätze für die Praxis der Altchinesischen Medizin (2018, S. 23):

- Hände des Therapeuten müssen genügend Energie aufnehmen und abgeben können
- Anregung der Zirkulation von gesundem Herz-Qi im Leib
- Wahrnehmung und Detektierung des Qi durch die Hände und andere Sinne des Therapeuten
- Eingehen einer empathischen Verbindung zwischen Therapeut und Patient
- Beachtung des richtigen Zeitpunkts und der richtigen Rahmenbedingungen für die Heilung
- Nutzung des bewussten Willens des Patienten zur Mitwirkung beim Heilungsprozess
- Hingabe an die himmlische Vorsehung

„Der in altchinesischer Medizin geschulte Therapeut benutzt keinen Ultraschall, keine Röntgenstrahlen und keine ultrastarken Magnetfelder, um sich ein vollständiges funktionelles Bild des Erkrankten zu erstellen. Das in alle Dimensionen geöffnete Sensorium des durch Selbsterkenntnis und Mitgefühl für sich selbst entwickelten Therapeuten erhält einen Zugang zur Wirkweise der Akupunkturpforten durch eigenes leibliches Erleben, zunächst an sich selbst und dann an seinem Gegenüber" (Hammes & Schwarz, 2018, S. 56).

Hier kommt in einer besonderen Weise der Einsatz der therapeutischen Beziehung, verbunden mit detailliertesten Konzepten körperlicher Reaktionsbereitschaft, zum Tragen. Noch direkter – auf Soma wie Psyche – könnten sich die Auswirkungen der Behandlung mit Traditioneller Chinesischer Medizin dann niederschlagen, wenn diese mit dem Einsatz ausgewählter Musik verbunden werden kann.

Literatur

Groddeck, G. (1985). *Die Natur heilt. Die Entdeckung der Psychosomatik*. Frankfurt: Fischer.

Gumz, A., Horstkotte, J. K., & Kästner, D. (2014). Das Werkzeug des psychodynamischen Psychotherapeuten – verbale Interventionstypen aus theoretischer und aus der Praxis abgeleiteter Perspektive. *Z. Psychosom Med Psychother* 60, 219–237.

Haag, A. (2012). *Versuch über die moderne Seele Chinas. Eindrücke einer Psychoanalytikerin*. Gießen: Psychosozial Verlag.

Hammes, M. G., & Schwarz, R. (2018). *Das Geheimnis der Goldenen Nadel. Die Entwicklung wahrer therapeutischer Kräfte aus den antiken Lehren der Chinesischen Medizin.* München: Elsevier.

Heisterkamp, G. (1993). *Heilsame Berührungen. Praxis leibfundierter analytischer Psychotherapie*. Leben lernen 89. München: Pfeiffer.

Loos, G. (1986). *Spiel – Räume. Praxis der Musiktherapie*. Stuttgart: Gustav Fischer.

Pesso, A. (2005). Die Bühnen des Bewusstseins. In S. Sulz, L. Schrenker & C. Schricker (Hrsg), *Die Psychotherapie entdeckt den Körper. Oder: Keine Psychotherapie ohne Körperarbeit?* (S. 303). München: CIP-Medien.

Schmidt, H. U. (2017). Zum Umgang mit dem Körper in der Psychotherapie. *Musik und Gesundsein* 31, 13–17.

Skrzypek, H., Schmidt, H. U., & Timmermann, T. (2016). *Der Körper in der Musiktherapie.* Wiesbaden: Reichert.

Speidel, H. (2013). Sublimierung bei Psychotherapeuten. In O. Kernberg, B. Dulz & J. Eckert (Hrsg), *Wir: Psychotherapeuten – über sich und ihren „unmöglichen" Beruf* (S. 54–67). Stuttgart: Schattauer.

Sulz, S., Schrenker, L., & Schricker, C. (Hrsg.) (2005). *Die Psychotherapie entdeckt den Körper. Oder: Keine Psychotherapie ohne Körperarbeit?* München: CIP-Medien.

Timmermann, T. (2004). *Tiefenpsychologisch orientierte Musiktherapie. Bausteine für eine Lehre*. Wiesbaden: Reichert.

Timmermann, T. (2020). *C. G. Jung, die Musik und die Musiktherapie*. Wiesbaden: Reichert.

Will, H. (1987). *Georg Groddeck. Die Geburt der Psychosomatik. dialog und praxis*. München: Deutscher Taschenbuch Verlag.

Kurze Einführung in die Traditionelle Chinesische Medizin

Roya Schwarz

Das Wissen in der alten chinesischen Medizin basiert auf mehr als 2000 Jahren erfolgreicher Erfahrung in der Arbeit mit den physischen und metaphysischen Aspekten des Menschen, vor allem mit seinen psychosozialen Dimensionen.

In einer frühen Phase der chinesischen Zivilisation bildeten Medizin, Religion und Naturphilosophie eine Einheit. Die Naturphilosophie erforschte den Makrokosmos auf der Grundlage der Alltagserfahrungen und der Kenntnisse aus dem Ackerbau und der Viehzucht. Die schamanisch orientierte Religion lotete das Innere des Menschen durch bewusste Versenkung aus. In der Medizin wurden die so gewonnenen Einsichten zur Gesunderhaltung angewandt.

Das Vermögen zur Ergründung dieser Einsichten in die Prinzipien des Lebendigen und die Geheimnisse der Gesunderhaltung in der Medizin in der alten chinesischen Kultur resultiert aus der Grundhaltung der Verbundenheit mit allen Erscheinungen.

Die Ursprünge der chinesischen Medizin haben sich daher nicht allein mit der oberflächlichen Analyse der materiellen Konstruktion des Menschen begnügt, sondern deckten das zarte, tiefe und subtile Meisterwerk seines gesamten Seins auf.

Die alten Heilkundigen haben über Jahrtausende hinweg einen ausgetüftelten und umfassenden Zugang zum Menschen in Krankheit und Gesundheit ausfindig gemacht, der alle Ebenen des Seins, die physische, psychische, intellektuelle und spirituelle Sphäre umfasst.

Alle Facetten des menschlichen Seins, die physischen, mentalen, emotionalen und spirituellen Dimensionen des Individuums, wurden in die Diagnose und Therapie von Krankheiten mit einbezogen, mit der Zielsetzung, das Gleichgewicht und die Einheit von allen dem Menschen innewohnenden Kräften zu wahren.

Sehr früh wussten die Ahnväter der chinesischen Medizin, dass die physischen und metaphysischen Anteile des Seins keineswegs bei der Behandlung eines Individuums außer Acht gelassen werden dürfen, sofern ein stabiles Gleichgewicht auf allen Ebenen erreicht werden soll.

Laut den Lehren der ursprünglichen chinesischen Medizin gibt es eine zentrale Wirkkraft, Dào 道 genannt, die allen Erscheinungen von Materie und Form zugrunde liegt. Die verschiedenen Kulturen bezeichnen diese universelle Kraft mit unterschiedlichen Namen.

Die Heilung eines Menschen, sei es auf dem physischen oder dem geistigen Level, basiert grundsätzlich auf dem Erreichen des Gleichgewichtszustands zwischen dem psychischen Bewusstseinszustand und der in jeder Existenz sich entfaltenden Wirkkraft Dào.

Das Wissen der Altchinesischen Medizin fußt also auf allen Errungenschaften der chinesischen Kultur und zuallererst auf den Prinzipien des Dào. So sagt Xú Dàchūn (berühmter chinesischer Gelehrter) (徐大椿, 1693–1771): *„Alle Behandlung auf dem Pfad der Medizin muss über das Dào diskutiert werden.“*

Dào im chinesischen Sinne bedeutet auch, einen bestimmten Weg zu gehen, einer Unterweisung zu folgen, sich einer Lehre oder einem Lehrer anzuschließen. Somit ist die Kunst der Selbstverteidigung ein Dào, die Musik ein Dào, die bildende Kunst ein Dào, die Teezeremonie ein Dào, die Kalligraphie ein Dào und auch die Medizin ein Dào.

Das erste Kapitel des Huangdi nejing (Leitfaden des Gelben Ahnenherrschers / Das zentrale Werk der chinesischen Medizin) beginnt mit den folgenden Worten:

„Der Huangdi des Altertums war bei Geburt von behändem Geist, vermochte schon früh zu sprechen, suchte schon als Kind die Ordnung, wuchs zu einem aufrichtigen und feinfühligen Menschen heran und stieg als Erwachsener in den Himmel auf.

Er wandte sich fragend an den himmlischen Meister und sprach: »Die Menschen des Altertums verbrachten ihr Frühjahr und ihren Herbst über hundert Jahre. Bei ihrer Arbeit erlahmten sie nicht. Die heutigen Menschen werden ein halbes Jahrhundert alt und erlahmen in der Arbeit; haben sich die Zeiten und Bedingungen so geändert?«

Qi Bo entgegnete: »Die Menschen des Altertums wussten um den rechten Weg (Dào 道), sie richteten sich nach den Gesetzmäßigkeiten von Yin und Yang und traten in Ausgleich mit den Weissagungen. Ihr Essen und Trinken war maßvoll, Aufstehen und Ruhen folgten einer Regel. Ihre Arbeit verrichteten sie nicht unbesonnen. Daher konnten sie Leib und Geist vollkommen erhalten und ihr himmlisches Alter vollenden, indem sie erst dahinschieden, nachdem sie hundert Jahre verbrachten.«“

Huángdì nèijīng • Sùwèn • Shàng gǔtiān zhēnlùn piān dìyī
(Leitfaden des Gelben Ahnenherrschers, Innerer Band • Unbefangene Elementarfragen • 1. Kapitel: Abhandlung über den wahren Himmel des Altertums)
黃帝內經 • 素問 • 上古天真論篇第

In der Altchinesischen Medizin wurde der Heiler konsequent als Vehikel für diese große und lebensspendende Kraft, Dào, betrachtet.

Die altmusikalische Therapie basierte demgemäß ebenso auf den Gesetzmäßigkeiten des Dào und suchte in der Praxis die Vereinigung mit dem Dào.

Die daoistische Denkweise elaboriert Mensch, Natur und Kosmos demzufolge als ein Ganzes und Zusammengehörendes. Daher stellt die ursprüngliche Anschauungsweise der chinesischen Medizin eine profunde und ganzheitliche Sicht auf die Naturphänomene und physischen Vorgänge dar. Dieser Blickwinkel bleibt in der westlichen Medizin gänzlich unerforscht.

Die Urväter der chinesischen Heilkunde setzten auf altbewährtes Wissen aus Beobachtung, welches nicht nur aus philosophischer Sicht eine Bedeutsamkeit hat, sondern aufgrund der Zeitspanne ihrer Entwicklung eine maßgebliche und gewichtige Bewährtheit aufweist, und daher unbestritten vorteilhafte Implikationen für die heutige klinische Praxis darstellt.

Es sollte erneut darauf hingewiesen werden, dass weder die antiken chinesischen Weisheitspraktiken noch die alte chinesische Medizin auf philosophischen Spekulationen oder rein esoterischen Praktiken beruhen, sondern beide auf die wiederholte Erfahrung der „Herzensergründung" im Sinne des Dào und der inneren Entwicklung der Spürfähigkeit für das Materielle wie Immaterielle zurückgehen.

Aus diesem Grunde wurde die Musik im Altertum als Medium eingesetzt, um das Innere des Menschen, seinen Kern, zu berühren und ihn mit sich selbst, aber auch mit dem Dào (Kosmos) zu verbinden.

Die Altchinesische Medizin beschränkte sich daher nicht auf die Beherrschung von somatischen Symptomen, sondern gab dem Patienten die Möglichkeit, auf die den Symptomen zugrundeliegenden, individuellen krankhaften Prozesse einzuwirken und so die Wurzeln des Krankseins aufzulösen. Hierzu wurde versucht, den Patienten vollkommen, bis zu den Ursprüngen der Erkrankung hinab, zu führen und seine Therapie nicht alleine auf die Abmilderung von Auswirkungen, sondern auf die Beseitigung des Urgrunds für die Beschwerden auszurichten.

Während in der ursprünglichen chinesischen Medizin der Mensch in seiner Ganzheit gesehen und behandelt wurde, und dies nachweislich mit unterschiedlichen Behandlungsmethoden und Konzepten, zu denen auch die Musiktherapie zählt, steckt die westliche Medizin mit ihren modernen psychologischen Ansätzen hinsichtlich des Versuchs, den komplexen menschlichen Geist zu erfassen, noch in den Kinderschuhen.

Der Psychoanalytiker Leon Hammer trifft den Kern des Dilemmas der Schulmedizin wie folgt: „(...) Die Medizin mit all ihren Errungenschaften bleibt eine unkoordinierte Anhäufung anatomischer, physiologischer, pathologischer und biochemischer Information. Kein Teil ist mit dem anderen verbunden. Es existiert kein Ganzes, kein lebendiger, alles zusammenhaltender Faden ..." (Hammer, 2000).

Dem heutigen Schüler etwa der Akupunktur bietet sich allerdings in der Regel auch nur ein Zugang durch die Pforte der sogenannten Traditionellen Chinesischen Medizin (TCM), die eine reduktionistische Zusammenfassung alten medizinischen Wissens aus China darstellt. Und an dieser Stelle ist es besonders relevant, darauf hinzuweisen, dass es einen fundamentalen Irrtum bedeuten würde, TCM mit überlieferter Medizin in und aus China gemeinhin gleichzusetzen.

TCM ist lediglich eine destillierte Form der ursprünglichen Medizin aus China. Sie stellt eine Kollektion von vielen verschiedenen Ideen, Theorien, Ideologien und klinischen Erfahrungen dar. Wir finden koreanische, japanische und vietnamesische Akupunktur, alle diese haben ihren Ursprung in der Altchinesischen Medizin und wurden aus den ursprünglichen Klassikern exzidiert. Der entscheidende Unterschied zwischen der alten überlieferten Medizin aus China und der heutigen TCM kann darin gesehen werden, dass der ganzheitliche Ansatz in der Altchinesischen Medizin dem inneren Kern entsprach und bei allen Verfahren letztlich die Einheit mit dem Dào gesucht wurde. Während in der altchinesischen Heilkunst ein Ansatz von individueller Behandlung und Lebensberatung vorgesehen ist, welcher in eine gezielte und individualisierte Therapie münden sollte, wird in die heutige Praxis der TCM in der Regel kein wirklich ganzheitlicher Ansatz integriert.

Da das konfuzianische Konzept der Lebensführung, welches die chinesische Gesellschaft maßgeblich beeinflusst hat, nicht das Individuum in den Vordergrund stellt, sondern die Beziehungsgeflechte in einem Staat, ist es den politischen Entwicklungen in China und vor allem in der westlichen Welt, wie auch der Ausrichtung des Zeitgeistes geschuldet, dass die historische Vielschichtigkeit und Vielfalt der Medizin in China fast vollständig durch eine staatlich verordnete Einheitsdeutung ersetzt wurde.

Dies soll nicht bedeuten, dass in China eine ausnahmslose Gleichschaltung der traditionellen Medizinausübung erreicht werden konnte. Allerdings sind wesentliche Bestandteile der historischen Praxis und des früheren Verständnisses unterschlagen, unterdrückt, als irrelevant oder zum Aberglauben erklärt und ins Museum verbannt worden.

Demzufolge ist es häufig der Fall, dass die eigentlich seelischen Störungen in China bei einem einheimischen Patienten als somatisches Problem aufgefasst werden, da die Behandlung im Sinne der TCM nicht obligat ganzheitliche Aspekte einbezieht.

Hinzu kommt, dass die dem politischen Selbstverständnis angepasste „Traditionelle Chinesische Medizin“ bei Therapeuten, Unterrichtenden, Kostenträgern und politischen Entscheidungsträgern mit der verbreiteten Annahme verknüpft erscheint, dass eine merklich verkürzte, formalisierte, ja sogar sterilisierte Form der alten chinesischen Medizin eine qualitativ hochwertigere Praxis hervorbringen würde.

Nichtsdestotrotz liegt ein wichtiger Aspekt der altüberlieferten chinesischen Medizin und insbesondere der Akupunktur darin, dass die Akupunktur einen „nährenden“ und stärkenden Effekt auf die zu behandelnde Person und ihre Körperfunktionen hat, unabhängig von der Entschlüsselung der Ursache der Störung und somit ein individualisierter Therapieansatz seine Wirksamkeit entfalten kann.

Dies ist letztlich auch der Grund weshalb in unserer westlichen Kultur die TCM ihren festen Platz finden konnte.

Die Akupunktur und die sogenannte Traditionelle Chinesische Medizin konnten über Jahrzehnte hinweg einen gewissen Siegeszug in der westlichen Welt verbuchen. Im Verhältnis zur Bevölkerungszahl gibt es in Deutschland mehr akupunktierende Ärzt*innen als in China, die akupunktierenden Heilpraktiker*innen nicht mit eingerechnet. Nach Angaben der National Institutes of Health geben in den USA 83 Millionen Erwachsene jährlich 33,9 Milliarden US-Dollar für komplementäre und alternative Medizin (CAM) aus. Das sind 11,2 % aller nicht erstatteten medizinischen Leistungen dort. Ein großer Teil dieser Leistungen bezieht sich auf Akupunktur und Produkte der chinesischen Medizin.

Derzeit existieren etwa 113 Bibliotheken in China, die eine Zahl von 12.124 Werken und Dokumenten über die chinesische Medizin beherbergen. Dabei ist zu berücksichtigen, dass in der Geschichte Chinas eine nicht abschätzbare Anzahl von Schriften teilweise bereits seit sehr langer Zeit verloren gegangen sind, hierbei ist anzunehmen, dass unter anderem Schriftstücke existiert haben, welche sich explizit auf die Musiktherapie bezogen. Davon sind leider nur noch Bruchstücke erhalten.

Manche dieser Werke stellen eine Kompilation zeitgenössischer Schriften und originärer Texte dar, die in den verschiedensten Dynastien erstellt und als besonders wertvoll erachtet wurden. Darüber hinaus findet sich eine umfangreiche Sekundärliteratur mit erschöpfenden Traktaten, von denen sehr viele selbst großartige Werke darstellen. Einige dieser Kommentare beziehen sich auf Originaltexte, die heute nicht mehr erhalten sind.

Dennoch konnte der über Jahrtausende überlieferte Heilungsansatz der alten chinesischen Medizin aufgrund seines holistischen Charakters und seines Ausreifungsgrades eine klinische Überlegenheit und einen Grad an Effektivität erreichen, die bis zum heutigen Tag unbestritten bleiben.

Wenn der Fokus der Betrachtung von den neuen Ausformungen chinesischer Medizin wegbewegt werden könnte, kann die Grundlage für eine unverfälschte Sicht auf die klassische Medizin und ebenso die Musiktherapie in China gelegt und ihr unverfälschter Zustand möglicherweise rekonstruierbar sein.

Allerdings kann eine zielführende Integration system- oder kulturfremder Medizinrichtungen nur dann gelingen, wenn die Annäherung frei von jeglichen Vorurteilen und solchen Anforderungen ist, die sich nicht unmittelbar auf das Wohl des Patienten beziehen.

Diese Hürden sind nicht einfach zu nehmen, da der globale Anpassungsdruck auch die sogenannten komplementären oder alternativen Medizinrichtungen erfasst, und die Ursprungskulturen von ihren Wurzeln entfremdet worden sind bzw. das ursprüngliche geistige Milieu für nicht zeitgemäß erklärt wird.

Die Rückeroberung des hohen ethischen Stellenwerts von Medizin und der individualisierten Behandlung sollte unabdingbar die Grundvoraussetzungen für eine Ausübung der Medizin sein und als tatsächliche ärztliche Kunst gesehen werden und daher eine integrative klinische Anwendung der ursprünglichen und ganzheitlichen chinesischen Medizin in der klinischen Praxis angestrebt werden.

Praktizierende sollten daher bemüht sein, gemäß des altchinesischen Heilungsansatzes ihre Rolle wie von Fritjof Capra formuliert zu verstehen:

„In der Chinesischen Medizin ist der ideale Arzt ein Weiser, der das Zusammenwirken aller Strukturen des Universums erkennt und jeden Patienten auf ganz individueller Basis behandelt.

Seine Diagnose stuft den Patienten nicht automatisch in eine Gruppe von Menschen ein, die an einer bestimmten Krankheit leiden, sondern erfasst so vollständig wie möglich den körperlichen und geistigen Zustand des einzelnen und seine Beziehung zur natürlichen und gesellschaftlichen Umwelt.“

Folglich liegt auf dem Weg des Arztes in der ursprünglichen chinesischen Medizin zunächst die Auseinandersetzung mit den eigenen Unzulänglichkeiten, bevor er in die Lage versetzt wird, seine Patienten ganz zu erfassen und zu geleiten.

Ganz treffend führt es Leon Hammer aus, wenn er von den Kerninhalten der Therapie im Sinne der ursprünglichen chinesischen Medizin spricht:

„Sowohl in der chinesischen Medizin als auch in der westlichen Psychologie liegen Gesundheit und Krankheit letztlich in der Verantwortung des Patienten. Wertvorstellungen und Verhaltensweisen sowie eine ehrliche Auseinandersetzung mit dem Selbst sind in der chinesischen und der psychoanalytischen Tradition die Grundlage von Gesundheit. Der Arzt hilft, die Natur heilt, und jeder Einzelne ist verantwortlich für seine Beziehung zur Natur und sich selbst."

In dem Vermächtnis der Altchinesischen Medizin finden wir einen für die heutige Medizin höchst relevanten Schatz an tiefgreifenden Einsichten und wohlbegründeter Weisheit vor, der zur Behandlung von Krankheiten wie auch zur Gesunderhaltung und gelungenen Lebensführung eine in sich schlüssige und detaillierte Anleitung bietet. Dieses müsste nicht als Ersatz für die Schulmedizin betrachtet werden, sondern sollte eine sinnvolle und nutzvolle Ergänzung, insbesondere für die Behandlung der Psyche und psychosomatischen Erkrankungen, darstellen.

Literatur

Capra, F. (2012). *Das Tao der Physik: Die Konvergenz von westlicher Wissenschaft und östlicher Philosophie* (5. Aufl.). München: O. W. Barth.

Hammer, L. (2000). *Psychologie und Chinesische Medizin: Zukunftsweisende Erkenntnisse über das energetische Zusammenspiel von Emotionen und Körperfunktionen.* Oy-Mittelberg: Joy-Verlag.

Hammes, M., & Schwarz, R. (2018). *Das Geheimnis der Goldenen Nadel. Die Entwicklung wahrer therapeutischer Kräfte aus den antiken Lehren der Chinesischen Medizin.* 金針秘要中國古典醫學真靈入門. München: Elsevier/Urban & Fischer Verlag.

Hammes, M., & Schwarz, R. (2022). *Lehrbuch der klassischen chinesischen Medizin und Akupunktur. Die Goldene Nadel* 經典中醫針灸學秒成 金鍼發揮. München: Elsevier/Urban & Fischer Verlag.

Verbindung von Traditionaller Chinesischer Medizin und Musik – Fünf-Elemente-Musiktherapie

五行之臨床使用和音樂療法上的意義

Die Arbeit mit den Fünf Elementen (Grundwesenheiten) in der chinesischen Medizin und ihre Bedeutung für die Musiktherapie

Roya Schwarz

Die chinesische Sprache legt einen unmittelbaren Zusammenhang zwischen der Emotionalität des Menschen und der Anregung durch Musik nahe. Das Schriftzeichen 樂 bedeutet in der Aussprache yuè die „Musik" und in der Aussprache lè die „freudige Erregung". Es handelt sich bei dem chinesischen Zeichen um die Abbildung des Schellenbaumes, eines uralten volkstümlichen Musikinstruments, das auch für schamanistische Interventionen bei einer Behandlung genutzt wurde.

Die schamanistische Musiktherapie wurde im alten China unter anderem für die Vertreibung der diabolischen Kräfte in den Menschen, ähnlich wie bei den exorzistischen Praktiken, bei psychiatrischen Patienten eingesetzt.

Musik ist ein wesentlicher Ausdruck des seelischen und emotionalen Erlebens des Menschen und kein anderer Stimulus als der der Musik vermag so unmittelbar das menschliche Empfinden zu berühren und von Trübsal zur Freude zu transformieren wie die Musik. Daher wurden Musik und Tanz, Singen und rhythmische Bewegung bereits im chinesischen Altertum regelmäßig zu therapeutischen Zwecken genutzt.

Musik und emotionale Erregung bedürfen eines Resonanzraums, in dem sie wahrgenommen werden, und der die Auslösung (Klang oder atmosphärisches Geschehen) unmittelbar mit der Reaktion (Gefühl, Empfindung) verknüpft. Das Herz des Menschen stellt diese integrierende Schnittstelle der Verbindung zwischen Innen- und Außenwelt und den Ort der Entstehung des Bewusstseins dar.

Die altchinesischen Mediziner betrachten den Menschen nicht als eine hochkomplexe Maschine, sondern als lebendige Einheit von Leib, Geist und Seele, der als eine Art Mikrokosmos allen Gesetzmäßigkeiten unterliegt, die auch im Makrokosmos von Himmel und Erde wirksam sind.

> *„Wer seinem Herzen auf den Grund geht, der erkennt seine wahre Natur; wenn man seine wahre Natur erkennt, dann weiß man auch um das Walten des Himmels."*
>
> *Zhànguó • Mèngzǐ • Jìnxīn shàng*
> *(Zeit der Streitenden Reiche • Mengzi [ca. 370–290 v. Chr.]*
> *Herzensergründung, Teil 1)*
> 戰國 • 孟子•盡心上

Die Numerologie ist ein bedeutsamer Weg zum Verständnis des Aufbaus der Welt in der antiken chinesischen Weisheitslehre. Den Zahlen als Ordnungssystemen kommt eine spezifische und eigenständige Bedeutung in den von der Altchinesischen Medizin benutzten Kategorien zur Einteilung der Phänomene zu.

Auf die Einteilung aller Erscheinungen in fünf Kategorien im Sinne der Fünf Elemente (Grundwesenheiten) nehmen viele antike Texte Bezug.

Neben anderen Konzepten bedient sich also die Traditionelle Chinesische Medizin der Fünf-Elemente-Lehre (diese sind Holz, Feuer, Erde, Metall und Wasser) und baut ihr Behandlungskonzept auf diese auf.

In der klassischen chinesischen Medizin legt demzufolge das System der Entsprechungen gemäß dieser fünf Elemente nahe, dass verschiedene Erscheinungen und Kräfte in der Außenwelt und äußere Reize mit bestimmten Organen, körperlichen Funktionen und Wahrnehmungen in Resonanz stehen.

Die Qualität der Elemente kann als feine Schwingung aufgefasst werden, zu der die unterschiedlichsten Phänomene auf Basis der zugehörigen Grundschwingung und deren Vielfachen eine Resonanz aufbauen können.

Die fünf Elemente können im Sinne einer Fünf-Elemente-Musik als eine Art Resonanzgefüge aufgefasst werden, welches in fünf grundlegenden Tönungen aufgebaut ist, etwa analog zur Fünftonmusik.

Die klassische chinesische Musik basiert entsprechend auf fünf Tönen, wie die innere Lebenswelt des Menschen gleichsam in einem Fünfer-Rhythmus schwingt. Es geht hier um den Ausdruck der fünf Elemente im Körper. Alle schwingen in einem regelmäßigen Rhythmus im Körper. Somit sind die Emotionen in ein Geflecht von Resonanzräumen eingebettet, in denen Erscheinungen jeweils unterschiedlicher Natur aufgrund ihrer Qualität und ihres Charakters miteinander in Verbindung stehen.

Daher können die Emotionen im Sinne der chinesischen Medizin nicht nur mit den korrespondierenden Farben, Geschmacksrichtungen oder über die zugeordneten Sinnesorgane, sondern auch mit den entsprechenden Tönen diagnostisch und therapeutisch angesprochen werden.

Die sich in den Fünf Shen 神 (Seelenanteile) ausdrückenden geistig-seelischen Attribute eines Menschen verkörpern jeweils mit dem Himmel assoziierte Aspekte der fünf Elemente, während sich die irdischen Aspekte in den Inneren Organen manifestieren.

Wenn alle Schwingungsaspekte zusammen eine Harmonie erzeugen, fühlt sich der Mensch gesund und ausbalanciert.

Alle fünf Elemente stehen in kybernetischen Regelkreisen miteinander in Beziehung. Durch die gegenseitige Hervorbringung und gegenseitige Bezwingung der Grundwesenheiten baut sich ein kybernetisches Regulationssystem auf. Unter den der Hervorbringung und Bezwingung innewohnenden regulierenden Prinzipien sind die fünf Elemente als veränderliche Bewegungsphasen in einem System der gegenseitigen Beeinflussung zu verstehen, das unter physiologischen Bedingungen stets einen stabilisierenden Ausgleich herbeizuführen vermag.

Ziel der Behandlung ist es daher, die Qualitäten der Grundwesenheiten in vollem Umfang für den Patienten verfügbar zu machen, mit deren Hilfe emotionale und mentale Störungen therapiert werden können. Dies kann sowohl durch die Akupunkturbehandlung als auch durch die Musiktherapie, oder aber auch durch beide Methoden in Kombination geschehen.

Literatur

Hammes, M., & Schwarz, R. (2022). *Lehrbuch der klassischen chinesischen Medizin und Akupunktur. Die Goldene Nadel* 經典中醫針灸學秒成 金鍼發揮. München: Elsevier/Urban & Fischer Verlag.

Behandlungserfahrungen mit musikalischen und musiktherapeutischen Elementen in der Traditionellen Chinesischen Medizin: Ein Interview

Hans Ulrich Schmidt und Roya Schwarz

Schmidt: *Gibt es eigene, persönliche Bezüge zu Musik, prägende musikalische Erfahrungen, eigenes Instrumentalspiel?*

Schwarz: Selbst habe ich kein Instrument gespielt, komme aber als Perserin aus einer sehr alten Instrumentalkultur. In unserer Familie wurde viel gemalt, ich male selbst auch gern. Meine ersten prägenden Erfahrungen mit Musik beziehen sich auf die Arbeit und das Studium der asiatischen Geistigkeit, zunächst in der Lehre der Gnostik mit den alten Instrumenten der persischen Kultur und später durch die Annäherung an die hinduistische und buddhistische Lehre und meditative Praxis und Chanten.

Ich war fasziniert von alten traditionellen Instrumenten wie Sitar, Daf (mit einem einer Ocean Drum ähnlichen Klang) oder Santur, einem traditionellen Instrument ähnlich dem „Gŭ Qín", einem Instrument, welches für die chinesische Musiktherapie eingesetzt wird. Auch Trommeln oder Klangschalen (aus der Tempelkultur) reizten mich. Insgesamt ist meine musikalische Prägung weniger individuell als kulturell, Rhythmen faszinieren mich, intensive Klänge, alles eher in einem rezeptiven Zusammenhang.

Schmidt: *Gibt es historische Hinweise aus der Geschichte der TCM, die für eine ggf. kombinierte Behandlung mit Musik/musikalischen Elementen sprechen?*

Schwarz: Ja, auf jeden Fall, es spricht alles dafür, dass die Musik einerseits für schamanistische Praktiken und Dämonen-Austreibung mit etwa exorzistischen Praktiken in der Dämonenmedizin eingesetzt wurde. Man tanzte dann z. B. zu Trommelklängen im Kreis um einen Patienten. Andererseits setzte man Musik z. B. auch zur Behandlung von Krankheiten durch Ausgleich der fünf Elemente Holz, Feuer, Erde, Metall und Wasser ein. In der psychiatrischen Anwendung ging es um die Behandlung „falscher negativer Emotionen", dieser Ansatz wurde später wieder aus der TCM entfernt. Zudem wurde die Musik aber auch als ein Medium verwendet, um geistig emotionale Prozesse in den Menschen anzuregen und sie mit sich selbst zu verbinden. Diese musikalische Anwendung fand im Rahmen der Selbstkultivierung und meditativen Praxis statt und diente der Selbstverfeinerung.

Schmidt: *Gibt es wissenschaftliche Erkenntnisse aus der Geschichte der TCM, die für eine ggf. kombinierte Behandlung mit Musik/musikalischen Elementen sprechen?*

Schwarz: Ja, es gibt Hinweise für die Verwendung der Akupunktur mit Musik. Diese lässt sich anhand des zentralen Werks der Traditionellen Chinesischen Medizin, dem „Leitfaden des gelben Ahnenherrschers", belegen. Seit über 4000 Jahren werden hier gleichsam empirische Erfahrungen zusammengetragen, ohne dass es sich um Forschung als solche, wie wir sie heute – insbesondere in der westlichen Welt – verstehen, handelt.

Schmidt: *In welcher Situation/aus welchen Erwägungen entstand bei Ihnen erstmals der Gedanke, TCM-Behandlung mit musikalischen Elementen zu kombinieren?*

Schwarz: Ich hatte solche Überlegungen schon länger. Für mich war es ein Anliegen, Patienten durch die Behandlung mit Musik nachhaltig zu erreichen, welche nur schwer mit den üblichen Ansätzen der TCM wie Akupunktur oder etwa Phytotherapie therapiert werden können. Insbesondere solche Patienten, welche traumatische Erfahrungen und psychiatrische Probleme in ihrer Krankengeschichte aufweisen. Beispielsweise Patienten mit Borderline-Syndrom.

Schmidt: *Wurden solche Überlegungen befördert z. B. durch Patient*innen, die eher schlecht auf TCM ansprachen oder waren das eher Patient*innen-unabhängige, theoretisch-systemische Erwägungen?*

Schwarz: Sowohl als auch. Ich bin ein großer Fan von kombinierten und integrativen Ansätzen der Heilkonzepte. Es gibt Patient*innen, die eher im additiven Sinne, aber auch nicht wenige, die potenzierend von der Kombination profitieren. Natürlich gibt es aber auch Patient*innen, die nur bedingt auf TCM als solche oder auf die Kombination mit Musik ansprechen.

Schmidt: *Welche prinzipiellen Aspekte der TCM sprechen dafür, musikalische Elemente zur Behandlung hinzuzuziehen?*

Schwarz: Die klassische chinesische Musik basiert auf den fünf Tönen, wie laut der ursprünglichen chinesischen Medizin die innere Lebenswelt des Menschen ebenso in einem Fünfer-Rhythmus schwingt. Somit sind die Emotionen in ein Geflecht von Resonanzräumen eingebettet, in denen Erscheinungen jeweils unterschiedlicher Natur, aufgrund ihrer Qualität und ihres Charakters, miteinander in Verbindung stehen.

Schmidt: *Kann man sich die gemeinsame Wirkung eher additiv oder eher potenzierend vorstellen?*

Schwarz: Sowohl als auch (s. o.). Jeder Mensch spricht unterschiedlich auf verschiedene Reize an. Während sich die innere Schwingung und der innere Zustand eines Patienten mehr durch taktile Reize verändern, ist es bei einem anderen Patienten die äußere Schwingung, auf welche er besonders anspricht, oder beides löst eine Art Synergieeffekt aus.

Zur Musik

Schmidt: *Was für eine Art von Musik erscheint für die kombinierte Behandlung günstig?*

Schwarz: Die musikalischen Prinzipien müssen den Behandlungsprinzipien folgen. Das heißt: Die Störungen der Patienten werden im Sinne der Traditionellen Chinesischen Medizin verifiziert und entsprechend mit den verfügbaren therapeutischen Methoden behandelt. Wenn bei einem Patienten eine Grundwesenheit oder mehrere aus dem Gleichgewicht geraten sind, werden mit musikalischen Maßnahmen eben genau diese Grundwesenheiten stimuliert oder auch im Gefüge des ganzen Systems ausgeglichen.

Schmidt: *Muss diese Musik irgendetwas zu tun haben mit jeweiligen Vorlieben der Patient*innen? (In der Musiktherapie spielt das nach überwiegender Auffassung – etwa im Sinne biographisch relevanter Musik – z. B . für die Wirkung eine wichtige Rolle)*

Schwarz: Die Fünf-Elemente-Musik ist eine hoch spezifische, die den Regeln der Fünf-Elemente-Lehre folgt. Für die Stimulation jeder der fünf Grundwesenheiten kommen besondere Instrumente und auch besondere Tonreihen zum Einsatz. Für den Ausgleich der Grundwesenheiten müssen die entsprechenden Pathologien identifiziert und gemäß der kybernetischen Regulationsmechanismen ausbalanciert werden. Hierbei spielen die Vorlieben und Abneigungen des Patienten keine Rolle.

Schmidt: *Handelt es sich um „gängige" Musik, etwa Klassik, Popularmusik etc. oder wurde für die „optimale Wirksamkeit" im Zusammenhang mit TCM spezielle Musik produziert (mit etwas besonderes geeigneten Frequenzspektren, Rhythmen)?*

Schwarz: Letzteres. Die Musik wurde speziell komponiert. Die chinesische Musiktherapie, nach den fünf Elementen bezieht sich auf die Regulierung der Grundwesenheiten im Körper, welche in Dysbalance geraten sind. Jedes der Elemente steht in Zusammenhang mit den körperlichen und seelischen Phänomenen.

Erste Erfahrungen mit Patienten

Schmidt: *Gibt es Gemeinsamkeiten des Erlebens bezogen auf individuelle Rückmeldungen?*

Schwarz: Ja. Bei der Fünf-Elemente-Musiktherapie vereinen wir verhaltenstherapeutisch orientierte Musiktherapie mit rezeptiven Methoden der Musiktherapie. Dieses bewirkt, dass die Musik einerseits, neben einer somatischen Wirkung auf den Patienten, tiefe verborgene Emotionen zum Vorschein bringt und andererseits zur Auflösung von inneren Blockaden führt und eine ganzheitliche Heilung initiiert, ähnlich wie bei der GIM-Methode (Guided Imagery and Music).

Schmidt: *Gibt es spezielle Symptome/Symptomkonstellationen, bei denen es zu einer offensichtlich besonders guten patient*innenseitigen Resonanz kam?*

Schwarz: Bei allen schwerwiegenden emotionalen Störungen kann die Fünf-Elemente-Musiktherapie kombiniert mit Akupunktur sehr gut zum Einsatz kommen. Im Allgemeinen steigert die Therapie die Resilienz der Patienten.

Musiktherapie im traditionellen und modernen China

Ying Tian

Inhaltsverzeichnis

Einleitung

In China existieren grundlegende musiktherapeutische Konzepte und Ansätze schon lange, obwohl heutzutage „Musiktherapie“ für Chinesen noch ein Fremdwort ist.

In der Orakelknochen-Forschung, die sich auf die Zeit von ca. 1600–1000 v. Chr. bezieht, können wir die Bedeutung des chinesischen Schriftzeichens „Medizin“ (anonym) entdecken: Das traditionelle Schriftzeichen für „Medizin“ (auch der Titel der Schrift) besteht aus dem Schriftzeichen für „Musik“ und einem Zeichen für „Gras/Heilkräuter“. Wie in den folgenden Bildern gezeigt, entwickelte sich das ursprüngliche Zeichen für „Musik“ aus einer Darstellung von „Musikinstrumenten auf einem Holzregal“.[1]

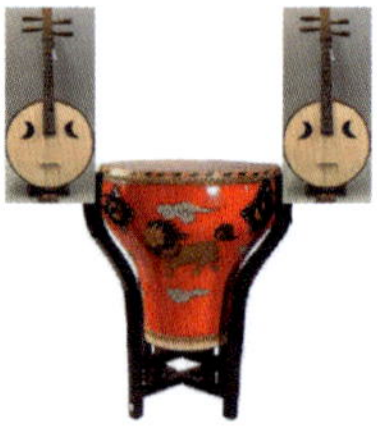

	=	樂	+	艹	=	藥
Zeichen für Musik	=	traditionelles Schriftzeichen für Musik	+	Zeichen für Gras	=	traditionelles Schriftzeichen für Medizin

Abbildung 1: Entwicklung des Schriftzeichens für Musik

Das chinesische Schriftzeichen „Musik“ hat außerdem noch eine Bedeutung für „Gefühl“ oder den psychischen Zustand des „Glücks“.

Das beweist, dass die Menschen im alten China schon ein tiefes Verständnis für die Verbindung von Musik und Medizin hatten. Im sehr berühmten traditionellen chinesisches Medizinbuch „Kanon des menschlichen Körpers bei Huángdì (黄帝内经 – Huángdì nèi jīng)“[2] steht, man soll Musik anwenden und danach ein Medikament verabreichen. Das zeigt, dass Musik im alten China bereits als ein Mittel zur Therapie eingesetzt wurde.

1 Wáng, X. P. (王秀萍) (2007 [01]): S. 34–38.
2 Wú, X. R. (吴幸如) / Huáng, C. H. (黄创华) (2009): S. 32.

In der Tat ist die Motivation für die Beschäftigung mit diesem Thema mein großes Interesse an der Heilfunktion der Musik. Dieses Interesse motivierte mich ursprünglich auch dazu, nach meinem Studium an der Hochschule für Musik und Theater München noch Musiktherapie an der Universität Augsburg (Leopold-Mozart-Zentrum) zu studieren. Während des dreijährigen Studiums habe ich immer mehr Kenntnisse über die aktuellen Vorgehensweisen der „Musiktherapie" in der westlichen Kultur gesammelt. Dabei tauchten viele Gedanken und auch Fragen auf: Wenn es im China des Altertums „Musikheilkunde bzw. Musiktherapie" gab, wie sahen da bestimmten Formen aus? Wie können wir ihre Prinzipien verstehen? Kann man diese heutzutage auch anwenden? Können diese überhaupt mit der modernen westlichen Musiktherapie kombiniert werden?

Vor dem Hintergrund dieser Fragen begann ich die Arbeit an diesem Text. Meine Idee ist es, Musiktherapie in den unterschiedlichen kulturellen Kontexten zu reflektieren, um in die „menschliche innere Dunkelheit" ein „neues Licht" zu bringen, psychische und physische Probleme dadurch besser zu verstehen und Heilungsprozesse initiieren zu können.

Ich werde mit den theoretischen Aspekten beginnen und die medizinischen Grundlagen vor dem Hintergrund der chinesischen Kultur darlegen, damit das Konzept der chinesische „Musiktherapie" besser verstanden werden kann.

A. Theorie: Von der Traditionellen Chinesischen Medizin (TCM) zum modernen Gesundheitssystem und die Rolle der Musiktherapie

I. Theorien

Es gibt verschiedene Aspekte von Musiktherapie. Eine europäische Beschreibung der „Musiktherapie“ lautet zum Beispiel: „Musiktherapie ist die gezielte Verwendung des Mediums Musik oder seiner Elemente zu therapeutischen Zwecken. Sie ist immer in eine bewusst gestaltete therapeutische Beziehung eingebunden und verwendet nichtsprachliche und sprachliche Kommunikation sowie psychologische Mittel und Techniken. Sie wendet sich an Menschen mit Leidenszuständen, Verhaltensstörungen und Entwicklungsrückständen, um an der Wiederherstellung, Erhaltung oder Verbesserung von seelischer, geistiger und körperlicher Gesundheit mitzuwirken.“[3] Tonius Timmermann hat zur Funktionsweise von Musiktherapie geschrieben: „Die gestaltete Musik mit ihren Tönen, Klängen und Geräuschen, mit Rhythmus, Melodie und Harmonie ist zeitstrukturierend. Sie artikuliert menschliches Erleben, hat die Funktion von Ausdruck, von Kommunikation und ist ein subjektiver Bedeutungsträger für verinnerlichte Erfahrungen. Musik wird als präsentatives Symbolsystem verstanden, aber auch unter semiotischen und ästhetischen Aspekten betrachtet.“[4]

Zur politischen Dimension hat Hanna Fak über gruppendynamische Erkenntnisse geäußert, „dass wir uns fragen müssen, in welcher Gesellschaft leben wir, in welcher Gesellschaft therapieren wir, welche Funktion übernehmen wir in diesem System? Schaffen wir bloß eine Kompensationsnische vor der ökonomischen Realität und der sozialen Kälte draußen? Was sind unsere therapeutischen Ziele? Haben diese Ziele in unserer Gesellschaft Raum? Welche Ziele sind realistisch? Die Patienten müssen sich nach Abschluss der Therapie im sozialen Kontext behaupten.“[5]

In China wurde eine wichtige alte Arbeit über die Anwendung der Musik und ihre wichtige Position in der damaligen Kultur und ihre tiefgreifende Wirkung verfasst: „Die Musik (乐记 – Yuè Jì)“. Dort wird Musik als Brücke zwischen Menschen und der natürlichen Umwelt (Himmel und Erde) beschrieben. Obwohl dieses Buch in der „Qín“-Dynastie („秦“, 221 v. Chr.–207 v. Chr.) verbrannt wurde, können wir aber durch die Schriften des Konfuzius („孔子“ – Kǒng Zǐ) Kenntnis von einigen überlieferten Informationen erhalten. Er war ein berühmter chinesischer Philosoph und Erzieher und ihm verdanken wir erhebliche Errungenschaften auf dem Gebiet der Musik. Er hat die Musik als eine der sechs wichtigen obligatorischen Eignungsqualitäten für angehende Gelehrte (aus dem Adel) etabliert, weil die Musik ein Schritt ist, um Stimmungen zu regulieren, die Sinne zu be-

3 Decker-Voigt, H.-H. / Oberegelsbacher, D. / Timmermann, T. (2008): S. 18.
4 Decker-Voigt, H.-H. / Oberegelsbacher, D. / Timmermann, T. (2008): S. 20.
5 Fak, H. (1999): S. 125.

ruhigen und die eigene Gesundheit zu bewahren.[6] Er behauptete sogar, wenn man wissen wolle, ob ein Land wohl regiert und gut gesittet sei, so müsse man seine Musik hören, denn „Moral und Musik bestimmen das Leben der Gemeinschaft."[7]

Hánmei Féng und Stören Schelten haben geschrieben, „Musiktherapie beschränkt sich im Westen häufig auf den psychotherapeutischen und neurologischen Bereich. Auch bei körperlichen und geistigen Behinderungen wird mit Musiktherapie gearbeitet; Methoden aus der Bewegungstherapie, rezeptiven Therapie und kreativen Therapie werden häufig angewandt. Die chinesischen Traditionen sind auf Grund ihrer philosophischen Einstellung meistens beruhigend und meditativ, was die kulturell bedingte Rezeptivität der Patienten auch in der Psychotherapie gänzlich relativiert."[8]

In dem wichtigsten chinesischen Medizinbuch „Kanon des menschlichen Körpers bei Huángdì" ist viel über die Anwendung der Musik für die Gesundheit zu finden. Von der antiken Musiktheorie ist aber viel verloren gegangen. Dies verursacht in der chinesischen Musiktherapie-Forschung Schwierigkeiten, hinterlässt aber auch viel Raum für Interpretation und Neukombination.

In den folgenden Abschnitten werde ich die Traditionelle Chinesische Medizin unter verschiedenen Aspekten vorstellen, um die Entwicklungsperspektive der Musiktherapie in China zu diskutieren.

II. Traditionelle chinesische Heilkunde

Ein Hindernis für die Verbindung zwischen der abendländischen Musiktherapie und der chinesischen Musiktherapie ist scheinbar eine unterschiedliche medizinische Grundlage.[9] Diese Problematik soll hier zunächst als Ausgangspunkt dienen.

1. Medizinische Grundlage der chinesischen Musiktherapie

Die grundlegende Theorie der Traditionellen Chinesischen Medizin (TCM) bildete sich aus drei Grundlagen, der sozialen und kulturellen, der Akkumulation des medizinischen Wissens und der chinesischen antiken Philosophie.[10]

Die Klassifizierungssysteme des abendländischen Gesundheitssystems konzentrieren sich auf Einzelheiten, achten auf die Einteilung in Fachrichtungen, neigen zu Spezifität und mikroskopischer Forschung. Aber dies könnte auch zu einem Irrtum führen, der „nur die Indikatoren sieht, nicht die Ganzheit des Menschen"[11].

6 Yáng, S. M. (杨朝明) (2000): S. 18.
7 Liu, Z. Q. (刘振强) / Yang, C. Q. (羊春秋) (2008): S. 376–377.
8 www.musikmagieundmedizin.com/Musikartikel/china_original2.html
9 www.goethe.de/mmo/priv/8713239-STANDARD.pdf
10 Zhōu, X. S. (周学胜) (2004): S. 16.
11 Zhāng, Y. L. (张玉林), mündliche Mitteilung am 21.12.2012 in Peking („北京 – Běi Jīng").

Das Denken der chinesischen Medizin neigt zur Ganzheit und makroskopischen Forschung. Die Traditionelle Chinesische Medizin (TCM) verfügt über keine Gliederung in Fachrichtungen. Die aktuelle Aufteilung in Disziplinen entstand, nachdem modernes westliches Denken eingeführt wurde. Durch diesen grundlegenden Unterschied ist es schwierig, den mikroskopischen Mechanismus der TCM näher und tiefergehend zu beschreiben.

Anderes als in den westlichen medizinischen Grundlagen hebt die chinesische Medizin hervor, dass es im menschlichen Körper Zyklen gibt, die von vielen Faktoren abhängig sind. Diagnostik soll die natürliche und soziale Umwelt mit einbeziehen. Der Arzt beobachtet das äußere Phänomen, daraus folgert er diagnostisch die inneren Erkrankungen mittels einer dialektische Denkweise.

Im Unterschied zur westlichen Medizin basiert die chinesische Medizin nicht auf der Grundlage der Anatomie, sondern der Beobachtung von Beeinflussungen des Patienten durch die natürliche, soziale und biologische Umwelt. Hier gilt, dass jeder menschliche Körper Zyklen hat, die unterschiedlich sind und abhängig von der Umwelt.

Die Theorie der Traditionellen Chinesische Medizin (TCM) hängt eng zusammenhängend mit der Anschauungen über das Universum. In der TCM glaubt man, dass der menschliche Leib ein kleines Universum ist, das in gegenseitiger Wechselwirkung mit einem großen Universum außen steht. Mikro- und Makrokosmos stammen von einer „Jīng Qì (精气 – die Lebensenergie)“ ab.

Die TCM ist eine sogenannte ganzheitliche Heilkunde, deren Basis das Verständnis einer Beziehung des Menschen mit dem Universum ist. Die Therapieverfahren der TCM gründen sich auf der Anschauung, dass die „Jīng Qì“ des Menschen durch ein System von Kanälen (Meridianen) fließt.[12]

Die wichtigen Definitionen der TCM sind Folgende:

1.1. „Yīn (阴)“ und „Yáng (阳)“

In der TCM hat sich die Theorie durchgesetzt, dass alle Dinge auf zwei entgegengesetzten Kräften beruhen, die man „Yīn“ und „Yáng“ nennt. Ursprüngliche Bedeutung der „Yáng“ ist die Sonnenseite, „Yīn“ die Schattenseite.[13]

„Yīn“ und „Yáng“ bedeuten die Zusammenfassung der Gesetze des Universums. Der Mensch ist ein Bestandteil dieses Systems.

1.1.1. Gliederung von Dingen und Phänomenen entsprechend der Einteilung nach der Lehre von den „Yīn (阴)“ und „Yáng (阳)“

Im „Kanon des menschlichen Körpers bei Huángdì“ steht geschrieben, dass alle aktive Energie („气“ – Qì) als „Yáng“ bezeichnet wird. Die greifbaren Stoffe so-

12 Zhāng Y. L. (张玉林), mündliche Mitteilung am 21.12.2012 in Peking („北京 – Běi Jīng“).
13 Xǔ, S. (许慎) (100–121): (o. S.); Lan, Y. (兰燕) et al. (1989): S. 4138, 4144.

Abbildung 2: Yīn und Yáng

wie Gliedmaßen, Organe und Flüssigkeit werden „Yīn" genannt. Phänomene der Schwachheit, nach Innen gehen, Unterdrückung, innere Kälte und Verkümmerung heißen in der chinesischen Pathologie „Yīn"-Symptome. Phänomene wie übermäßige Aktivität, nach Außen gehen, Aufregung und Wärme, die Position im „Oben" sind in der chinesischen Pathologie die „Yáng"-Symptome.

„Yáng" wird krank, wenn „Yīn" stärker als „Yáng" ist. „Yīn" wird krank, wenn „Yáng" zu stark ist. „Heiß" bezeichnet man einen Zustand, in dem „Yáng" überwiegt, wenn „Yīn" stark ist, sagt man dazu „kalt".[14] Es soll eine Balance von beiden erreicht werden. Unterstützen kann man beide Zustände durch bestimmte Lebensmittel.

Die folgende Tabelle hat „Yīn" und „Yáng" generalisiert: z. B. oben und unten, Sommer und Winter, Wachstum und Verfall usw.[15]

Eigenschaft	Position			Zeit	Saison	Temperatur	Luftfeuchtigkeit	Helligkeit	Masse und Energie	Bewegung Staat					
Yáng	oben	außen	Himmel	Tag	Frühling und Sommer	warm	trocken	hell	Funktion	rise	dynamisch	schnell	Aufregung	Hyperaktivität	Vergasung
Yīn	unten	innen	Erde	Nacht	Herbst und Winter	kalt	feucht	matt	Material	Decline	statisch	langsam	Unterdrückung	Rezession	bilden

Tabelle 1: Klassifizierung der „Yīn (阴)" und „Yáng (阳)"

14 Guō, A. C. (郭靄春) (1898): S. 302–305.
15 Zhōu, X. S. (周学胜) (2004): S. 17–18.

1.1.2. Besonderheiten der Interaktion von „Yīn (阴)" und „Yáng (阳)"

Auf der Grundlage der „Yīn"- und „Yáng"-Meridiane und der fünf Elemente wird eine Theorie der Interaktion gebildet.

1). Die Interaktion zwischen „Yīn" und „Yáng" ist reziprok. Ob etwas „Yīn" oder „Yáng" ist, wird durch den Vergleich entschieden (Relativismus). Die Eigenschaft wird sich ändern, wenn die diesbezüglichen Objekte geändert werden.

2). „Yīn" und „Yáng" können in einander umgewandelt werden. Die ständige interne Bewegung der einzelnen Faktoren ist die Ursache der Transformation. Sie können aber nur unter bestimmten Bedingungen wechseln.

3). Innerhalb von „Yīn" und „Yáng" gibt es wiederum unendlich viel Unterteilungen in „Yīn" und „Yáng". Zum Beispiel ist der Tag „Yáng", die Nacht ist „Yīn". Innerhalb eines Tages ist der Vormittag „Yáng", der Nachmittag ist „Yīn". So ist der Vormittag der „Yáng"-Teil des „Yáng" (Tages), der Nachmittag der „Yīn"-Teil des „Yáng" (Tages).

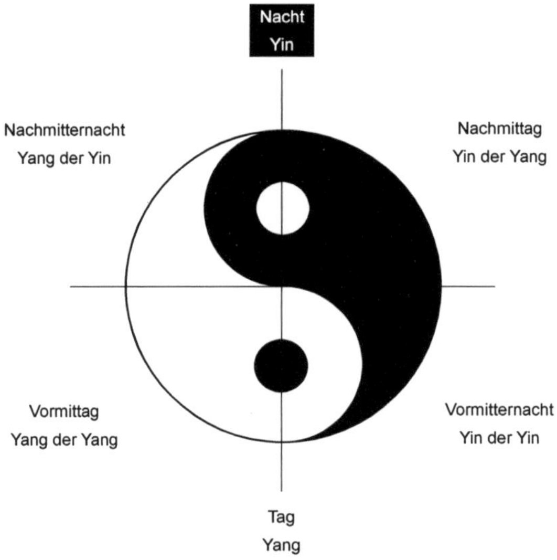

Abbildung 3: Yīn und Yáng der Zeiten

1.2. Meridiane/Körperpassage („经脉 – Jīng Mài")

Meridiane/Körperpassagen gelten in der Traditionellen Chinesischen Medizin als die Kanäle, in denen die Lebensenergie („气 – Qì") fließt. Es gibt zwölf Hauptmeridiane, die jeweils spiegelbildlich auf beiden Körperseiten paarig angelegt sind. Jeder Meridian ist einem Organ beziehungsweise Organsystem zugeordnet. Auf den Meridianen liegen die Akupunkturpunkte. Verschiedene Meridiantherapien sollen dem Patienten beim Gesundbleiben oder -werden helfen. Die bekannteste ist die Akupunktur. Gesundheit ist nach den Vorstellungen der TCM u. a. verbunden mit einem freien und ausreichenden Fluss der Lebensenergie („气 – Qì") in den Meridianen. Wenn z. B. zu wenig Lebensenergie („气 – Qì") fließt, könnte schädliche Lebensenergie („气 – Qì") in den Kanal eindringen und das zugehörige Organ schädigen.

Die moderne Wissenschaft bestätigt, dass Meridiane die menschliche Energie im Körper verteilen, dass sie das rezessive Sensor-Netzwerk in dem Organismus sind. Der international anerkannte Name des Tests der Leitfähigkeit der Meridiane ist „LPSC"; ein verringerter Widerstandswert bedeutet, dass die Lebensenergie im Körper ungehindert fließen kann und der Mensch gesund ist. Jeder Meridian hat einen bestimmten Bereich wie Gewebe, Organe oder Akupunkturpunkte und Zeiten der besonders hoher Aktivität. Zwischen den verschiedenen Meridianen gibt es komplexe Zusammenhänge, die kreuz und quer verlaufen.

Die zwölf Meridiane laufen in Übereinstimmung mit der Reihenfolge der Zyklen von Sonne und Mond entsprechend der zwölf Zeiten („时辰" – Shí Chén, eine „Shí Chén" bedeutet zwei Stunden). Diese beeinflussen den Menschen in physiologischen und psychologischen Aspekten.

Die zwölf Meridiane sind auf beiden Seiten des Körpers verteilt und zirkulieren durch die inneren und äußeren Seiten der Arme und Beine.[16] Sie haben die Funktion, die Schallwellen zu leiten. Wenn ein bestimmter Akupunkturpunkt auf den Meridianen gedrückt wird, kann der Punkt ein besonderes akustisches Signal aussenden und auf diesem Meridian in beide Richtungen weiterleiten.[17]

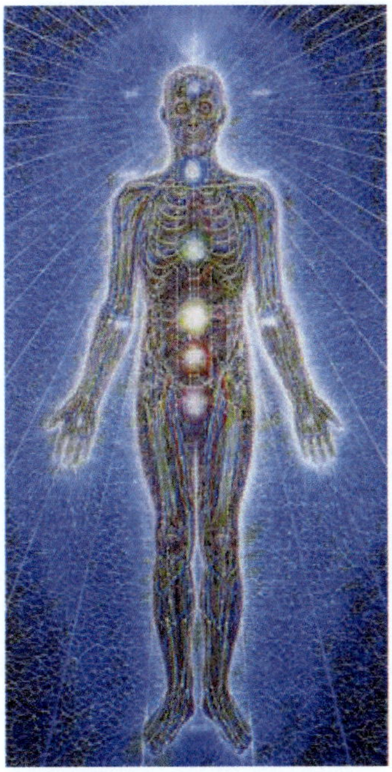

Abbildung 4 (Meridiane)

16 Wèi, Y. L. (魏育林) / Yáng, F. D. (杨甫德) (2011): S. 142.
17 Ebd. (2011): S. 143.

1.2.1. Meridiane, die besonders mit dem Gehirn verbunden sind

In der TCM wird auf sechs Meridiane hingewiesen, die besonders stark in Verbindung mit dem Gehirn sind. Die Namen und Stände werden im folgenden Bild gezeigt.[18]

- Wenn „Dū Mài (督脉 – Lenkergefäß)“ gestört wurde, kann dies Epilepsie, Hämorrhoiden oder Enurese bewirken.
- Die TCM glaubt, dass „Páng Guāng Jīng (膀胱经 – Harnblasen-Meridian)“ die „Yáng Qì – (阳气 – Yáng Lebensenergie)“ ins Gehirn leitet. Wenn zu wenig „Yáng Qì“ im Gehirn ist, kann das Amnesie bewirken.
- Wenn der „Gān Jīng (肝经 – Leber-Meridian)“ gestört wurde, kann dies zu Problemen mit dem Nerven- oder Urogenitalsystem oder den Augen führen.
- Probleme mit dem „Yīn Mài (阴脉 – Name des Yīn-Meridians)“ können Synkopen und Somnolenz auslösen.
- Wenn der „Yáng Mài (阳脉 – Name des Yáng-Meridians)“ oder der „Wèi Jīng (胃经 – Magen-Meridian)“ im Ungleichgewicht ist, können psychische Störungen die Folge sein.

督脉(Dū Mài)	膀胱经(Páng Guāng Jīng)	肝经(Gān Jīng)	阴脉(Yīn Mài)	阳脉(Yáng Mài)	胃经 (Wèi Jīng)

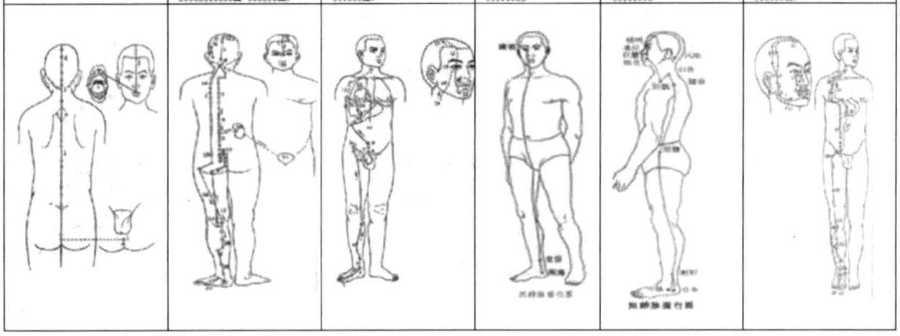

Tabelle 2: Meridiane in Verbindung mit dem Gehirn

1.3. Fünf Elemente (五行 Wǔ Xíng – Fünf Wandlungsphasen)[19]

1.3.1. Die Lehre von den Fünf Elementen

Die Theorie von den Fünf Elementen wurde vom Konzept des „Yīn“ und „Yáng“ abgeleitet. Die fünf Materialien stammen aus dem natürlichen Universum und sind Holz, Feuer, Erde, Gold (Metall) und Wasser. Gemäß den Bewegungen und Wandlungsprozessen zwischen diesen Substanzen wurde die Fünf-Elemente-Theorie entwickelt.

18 http://www.youtube.com/watch?v=T2Iajtv7MH0

19 Zhōu, X. S. (周学胜) (2004): S. 31–43.

Die fünf Elemente stellen Wandlungsphasen von Prozessen oder Aktionsqualitäten dar. Es handelt sich daher nicht um Elemente im Sinne von Bestandteilen, sondern um Aspekte eines dynamischen Ablaufs, der als zyklisch erlebt und meist in einem fünfgeteilten Kreis im Uhrzeigersinn dargestellt wird.

Auf der Grundlage der Fünf-Elemente-Theorie hat man in der chinesischen Medizin eine Verbindung mit dem menschlichen Körper entwickelt, so dass die traditionellen fünf Elemente die fünf wichtigsten Organe symbolisieren und in Bezug zu ihnen stehen.

Die fünf gegenwärtigen Organe sind Leber, Herz, Lunge, Niere und Milz. Die sechs Nebenorgane sind Dickdarm, Dünndarm, Magen, Blase, Perikard und Galle. Die fünf Organe verfügen über eine Speichereigenschaft und sind das Zentrum des menschlichen Körpers. Sie kontaktieren durch die Meridiane die anderen Organe und Gewebe und bilden eine ökologische Einheit. Dies ist sehr wichtig und soll nochmals betont werden: die Bedeutung der fünf Organe in der Traditionellen Chinesischen Medizin ist nicht nur auf die oben bezeichneten Organe alleine beschränkt, sondern diese Theorie legt den Fokus auf den Einfluss der Organe im Körper. Eingeschlossen sind ihre Kreislauf-Eigenschaften und gegenseitigen Beziehungen.

1.3.2. Bedeutung der Phänomene „Entwicklung/gegenseitige Förderung“ und „Abbau/Reduktion“

Jedes Element hat vier gegenseitige Beziehungen, das „Ich entwickle“ und „Ich wurde entwickelt“ oder „Ich baue ab“ und „Ich wurde abgebaut“.[20]

Auf der folgenden Abbildung kann man die Theorie der Fünf Elemente erkennen:

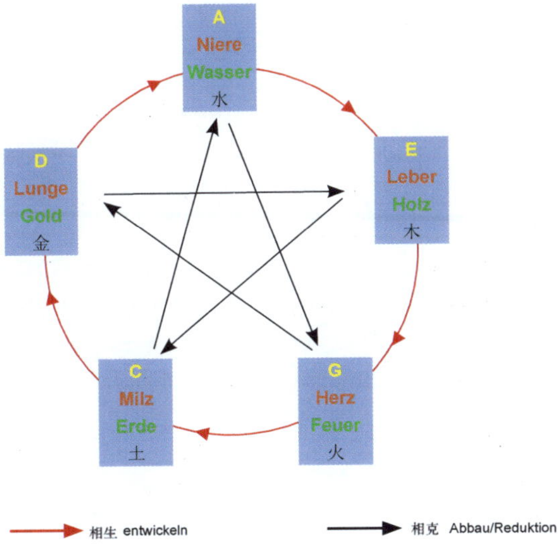

Abbildung 5: Die Beziehung der fünf Elemente

20 Zhōu, X. S. (周学胜) (2004): S. 33–44.

- Die Beziehung des Phänomens „Entwicklung/Gegenseitige Förderung“ ist zum Beispiel:
  In der besprochenen Reihenfolge (zyklisch im Uhrzeigersinn) nähren die Elemente einander. Das eine Element gebiert das andere Element, sie stehen in einer Beziehung wie die Mutter zu ihrem Kind.
  Holz lässt Feuer brennen. Asche (durch Feuer entstanden) reichert die Erde mit Nährstoffen an. Erde bringt Metall (Gold) hervor. Spurenelemente (Gold) beleben Wasser. Wasser nährt Bäume und Pflanzen (Holz).
- Die Beziehung des Phänomens „Abbau/Reduktion“ ist zum Beispiel:
  Die Bäume (Holz) wachsen aus der Erde, nehmen ihre Nährstoffe auf. Erde nimmt Wasser auf, Wasser kann das Feuer löschen. Metall (Gold) wird im Feuer geschmolzen. Und Metall (Gold) kann die Bäume fällen.
  Das Gleichgewicht geht verloren, wenn ein Element vermehrt oder vermindert wird, sodass die fünf Elemente sich gegenseitig beherrschen können.

1.3.3. Die Beziehung/Verbindung der fünf symboltragenden Elemente zu Bereichen von Natur und Körper

Nach einem sehr langen Akkumulations-Prozess hat TCM die Beziehung/Verbindung zwischen den fünf Elementen und anderen entsprechenden Dingen resümiert, wie in der folgenden Tabelle dargestellt wird:

Nature					Fünf Elemente	Körper					
Pentatonik	Geschmack	Farbe	Bewegung	Witterungen		Eingeweide	Gedärme	Körperbestandteile	Sinnesorgane	Gemütszustand	Stimmfärbung
Jue (E)	sauer	Grün blau	hervorbringen	Wind	Holz	Leber	Gallenblase	Sehnen	Augen	Zorn (Wut)	Rufen
Zhi (G)	bitter	rot	wachsen	Hitze	Feuer	Herz	Dünndarm	Adern	Zunge	Freude	Lachen
Gong (C)	süß	gelb	verändern	feucht	Erde	Milz	Magen	Fleisch	Mund	Sehnsucht	Singen
Shang (D)	scharf	weiß	erhalten	geröstet	Gold	Lunge	Darm	Haut	Nase	Trauer	Weinen
Yù (A)	salzig	schwarz	verstecken	kalt	Wasser	Niere	Harnblase	Knochen	Ohr	Angst	Stöhnen

Tabelle 3 (Beziehung zwischen Fünf Elementen und anderen Dingen)[21]

Erwähnenswert ist, dass wir in dieser Tabelle auch die Beziehung zwischen den Fünf Tönen (Pentatonik) und den Fünf Elementen sehen können. Diese Theorie stammt ursprünglich aus den Aufzeichnungen in dem Buch „Kanon des menschlichen Körpers bei Huángdì“. Dies wird in Kapitel A.IV.4.3 genauer vorgestellt.

21 Zhōu, X. S. (周学胜) (2004): S. 32, Tabelle 1–4.

1.4. Besondere Theorien der TCM

1.4.1. Die Balance Theorie

Ein Kernpunkt der TCM ist die Theorie, dass „Yīn“ und „Yáng“ im Körper des Menschen im Gleichgewicht gehalten werden müssen. Ein Ungleichgewicht bedeutet Krankheit. Der Körper wird als energetisches System im dynamischen Gleichgewicht gesehen. „Qì“, was als Energiespeicher oder Lebenskraft übersetzt werden kann, strömt in einem regelmäßigen Muster über ein System von Kanälen oder Meridianen zu allen Teilen des Körpers. Wenn der Fluss des „Qì“ nicht behindert wird, gibt es Harmonie, Balance und Gesundheit. In Gegensatz dazu ist die Blockade des „Qì“ die Ursache von Ungleichgewichts und damit Krankheit.[22]

1.4.2. Die Theorie des „Xū (虚 – Schwach)“-Symptoms und „Shí (实 – Massiv)“-Symptoms[23]

Das „Shí“-Symptom bedeutet, dass es während des Kampfes mit Krankheiten Symptome der Aufregung gibt (Stress, Durst, manische Symptome, usw.).

Das „Xū“-Symptom bedeutet, dass die Konstitution der Patienten schwach ist und sie schwer mit der Krankheit kämpfen (Müdigkeit, Schwitzen, Atemnot, Abmagerung usw.).

Im Verlauf der Erkrankung können „Xū“ und „Shí“ ineinander umgewandelt werden.

Vom Prinzip der TCM her soll man beim „Xū“-Symptom einen Mangel ausgleichen und beim „Shí“-Symptom etwas ausscheiden. Bei falscher Beurteilung von „Xū“ und „Shí“ kann die Erkrankung eskalieren oder die Gesundung verzögert werden.

2. Traditionelles chinesisches Gesundheitssystem, diagnostische Methoden und ärztliche Behandlung

2.1. Traditionelles chinesisches Gesundheitssystem

Im alten China gab es, wenn man krank wurde, zwei Möglichkeiten, zum Arzt zu gehen. Die eine war, dass die Patienten direkt zur Apotheke gingen, weil der Arzt oft dort arbeitete. Bei einer schweren Erkrankung wurde der Arzt vom Apotheker nach Hause zum Patienten eingeladen. Da es nur private Apotheken gab, hatte ein Edelmann so seinen eigenen Arzt am Hof.

Die traditionellen chinesischen Ärzte waren meistens Allgemein-Ärzte. Auf manchem Gebiet durften nur Frauen behandeln (z. B. Hebammen). Der Arzt durfte dann nur draußen bleiben und mündliche Anweisungen geben.

---

22 Zhōu, X. S. (周学胜) (2004): S. 115–127.

23 Ebd. (2004): S. 246.

Abbildung 6: chinesische Apotheke

2.2. Spezifische Theorien der traditionellen chinesischen Behandlung

Die TCM hat die Prinzipien der Zerstörung und des Aufbaus in der Fünf-Elemente-Theorie zusammengefasst. Diese besagt, dass, wenn ein Teil des Körpers leidet, nicht nur an dieser Stelle Probleme auftreten. Stattdessen soll der menschliche Körper als Ganzheit betrachtet werden. Für eine vollkommene Rehabilitation muss die gesamte Ursache behandelt werden, einschließlich möglichen Beziehungen und Einflüssen. Wenn die Behandlung nur an einem einzigen Standort stattfindet, ist sie nur auf der Oberfläche effektiv. So kann das Gleichgewicht des Körpers nicht wiederhergestellt werden.

Der deutsche Psychoanalytiker A. Mitscherlich glaubt, dass die „Grundvoraussetzung menschlichen Lebens die Gleichzeitigkeit leiblicher und seelischer Prozesse ist“[24].

Plato hat auch eine ähnliche Theorie formuliert: „Wie du ein Auge nicht behandeln kannst, ohne den ganzen Kopf zu behandeln, kannst du den Kopf nicht behandeln, ohne den ganzen Menschen zu behandeln.“[25]

Chinesische Medizin betont dialektisches Denken. Diagnose und Therapie sollen auf den Prozess der Krankheit und die Regelhaftigkeit der Krankheit achten, auch auf die aktuellen Stadien der Erkrankung, die Missempfindungen und den morbiden Ausdruck des Patienten. Daher soll man die gleiche Krankheit in den verschiedenen Leidensphasen unterschiedlich behandeln. Umgekehrt kann man verschiedene Krankheiten mit gleichen pathologischen Veränderungen und klinischem Ausdruck gleich behandeln.

24 Schmidt, H. U. (o. J.): Vorlesungsskript M12ba: Einführung in die Psychosomatik, S. 27.
25 Ebd. (o. J.): S. 14.

Die TCM glaubt, dass die Patienten in unterschiedlicher Umwelt und Klima auch auf andere Weise behandelt werden. Z. B. können die Behandlung und Medikamente unterschiedlich sein, wenn man im Winter oder Sommer erkältet ist (oder im Süden oder Norden lebt).[26]

In der TCM gibt es den wertvollen Gesichtspunkt, dass der menschliche Körper und die Seele eine Einheit sind. Das spielt eine wichtige Rolle in dem Prozess der Bewertung, Diagnose und Behandlung. In dem Buch „Kanon des menschlichen Körpers bei Huángdì“ steht geschrieben, dass Emotionen die innere Ursache der körperlichen Krankheit sind.

Es gibt auch ähnliche Theorien in den westlichen Ländern so wie das „Psychosomatische Konzept“ von Jacobi oder das „Bio-psycho-soziale medizinische Modell“ von Engel.

In der chinesischen Medizin hat Prävention eine besondere Bedeutung. Man glaubt, dass es bereits zu spät ist, wenn die Krankheit schon aufgetreten ist. Ferner hat jeder Mensch eine individuelle Konstitution. Man muss anhand von Lebensgewohnheiten, Emotionen, Ernährung, Bewegung und sozialen Elementen einen Präventions-Plan aufstellen, damit die Konstitution stabil bleibt bzw. sich verbessert und so ein Ausbruch der Krankheit verhindert wird. Das Verständnis über den Zustand der Krankheitsstadien bei TCM und westlicher Medizin ist unterschiedlich. Ein Mensch im Ungleichgewicht wird in der westlichen Sicht bisher noch nicht als Patient angesehen.[27]

2.3. Diagnostische Methoden der TCM

Die TCM hat die traditionellen diagnostischen Methoden geerbt, welche schon von der Anatomie geleitet waren. Diagnostische Methoden werden zusammengefasst wie folgt:

(1) Aussehen/Beobachten:
Durch Schauen auf den aktuellen mentalen Zustand, Farbe des Gesichts, Bewegung und Gestik, Zunge, Haut und Gesichtszüge, Kot und Sekrete usw.

(2) Hören/Riechen:
Durch Beobachtung der Stimme, Atmung und sonderbare Gerüche usw.

(3) Befragung des Patienten:
Durch Fragen nach dem Entwicklungsprozess der Krankheit, dem aktuellen[28] Gefühl des Patienten, um Informationen zu sammeln.

---

26 Zhāng Y. L. (张玉林), mündliche Mitteilung am 21.12.2012 in Peking („北京 – Běi Jīng“).

27 Yǐn, Yùfēi (尹誉霏) (2011): S. 7.

28 Im Verständnis der TCM bezieht sich die Anamnese nicht nur auf die Vergangenheit der Krankheit, sondern fokussiert besonders den aktuellen Stand der Krankheit unter dem Einfluss von der Vergangenheit.

(4) Die Puls-Diagnose:
Der Arzt fasst ungefähr einen Zoll um das Handgelenk des Patienten, um durch den Puls den Zustand zu diagnostizieren.

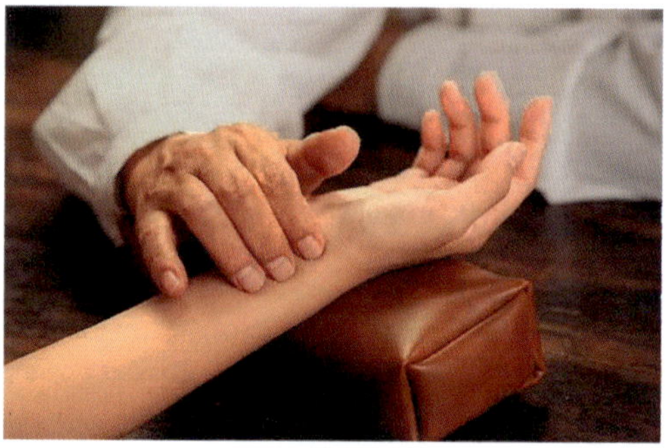

Abbildung 7: Die Puls-Diagnose

2.4. Behandlungen

Basierend auf den Theorien der TCM behandelt der chinesische Arzt die unterschiedlichen Krankheiten unter physiologischen und psychischen Aspekten, also ganzheitlichen. Die Behandlungen, die weiter unten beschrieben sind, verdeutlichen dies und verschaffen uns einen Überblick über die chinesischen Heilmittel.

2.4.1. Chinesische Pflanzenheilkunde

„...in der Mitte der Hauptstraße durch die Stadt floss ein Fluss. An seinen beiden Ufern wuchs der Baum des Lebens, der zwölfmal im Jahr Früchte trägt, ... und dessen Blätter zur Gesundheit der Völker dienen.“[29] Dieser Satz stammt aus der Bibel. In der Tat haben viele Kulturen Forschungen über die Heilpflanzen gemacht. So wird auch in Deutschland „Phytotherapie/Pflanzenheilkunde“ angewendet.

Es gibt vielfältige Gattungen in der TCM-Pflanzenheilkunde, insgesamt achttausend Arten. Häufig gebraucht werden über siebenhundert Arten, aufgeteilt in sechs Kategorien: Jade/Stein, Gras, Holz, Obst/Gemüse, Getreide und eine nicht zugeordnete Sorte. Im 16. Jahrhundert hat Shízhēn Lǐ (李时珍, 1518–1593) in seinem Buch „Běn cǎo gāng mù (本草纲目, Arzneimittel / Das Buch heilender Kräuter)“ unterschiedliche Klassifikationen modifiziert, z. B. nach 16 Arten Wasser, Feuer, Erde, Stein, Gras, Getreide, Gemüse, Obst, Werkzeug, Holz, Insekten, Schuppen, Vögel, Bindeglieder, Tiere und Menschen oder nach 60 Kategorien, unterteilt nach ihrer Zugehörigkeit in ein eigenes Ökosystem und nach ihren Eigenschaften.[30]

29 Bibel (2010): S. 449.
30 http://www.cintcm.com/lanmu/zhongyao/zhongyiao_gaishu/gaishu_fenlai.htm

Abbildung 8:
Shízhēn Lǐ probiert Kräuter

Der TCM-Arzt behandelt nach der Beziehung zwischen den fünf Elementen und den Eigenschaften des Natur-Medikaments, wie in folgender Tabelle gezeigt:

Fünf Elemente	Eingeweide	Geschmack	Farbe
Holz	Leber	sauer	grünblau
Feuer	Herz	bitter	rot
Erde	Milz	süß	gelb
Gold	Lunge	scharf	weiß
Wasser	Niere	salzig	schwarz

Tabelle 4: Beziehung zwischen der chinesischen Medizin und den fünf Elementen

Das können wir so verstehen: Eine Pflanze mit der Eigenschaft „saurer Geschmack“ und „grünblauer Farbe“ können wir an der Leber anwenden usw.

2.4.2. Physikalische Therapieformen – Arten medizinischer Behandlung auf der Außenseite des Körpers

Die folgenden Behandlungsarten können die Durchblutung fördern und helfen dem Körper, sich durch die äußere Kraft zu entspannen. Die folgenden sind wichtige rezeptive Therapieformen in China.

- **Heißes Eisen**
  Ähnlich wie Thermo-Therapie: Das Material wird erwärmt, wird mit einem Tuch umwickelt; auf dem Körper der Patienten macht man eine hin- und herrotierende Massage.

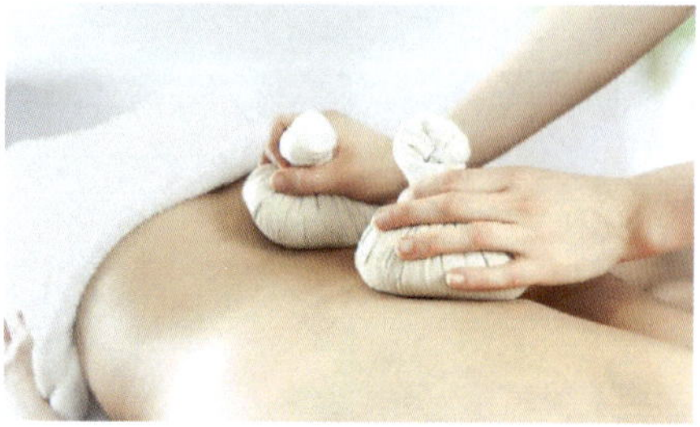

Abbildung 9: Heißes Eisen

Abbildung 10: Ausräucherung und Wäschetherapie

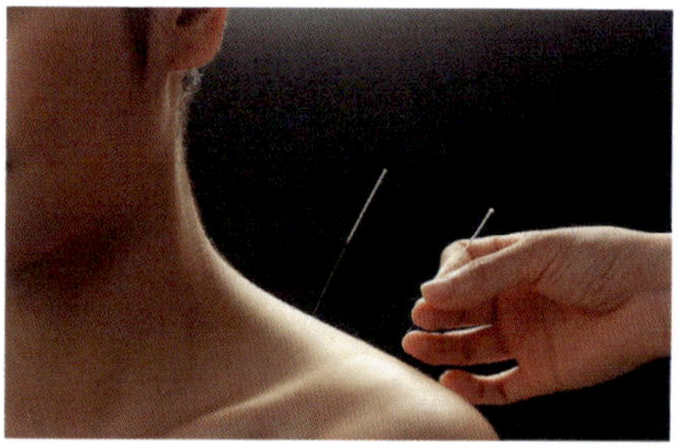

Abbildung 11: Akupunktur

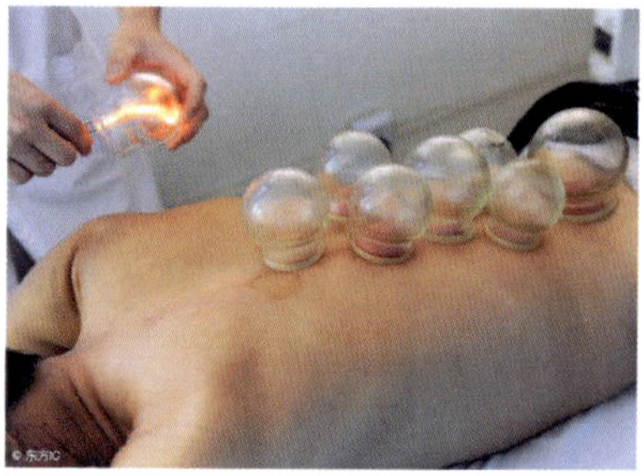

Abbildung 12: Schröpfen

- **Ausräucherung und Wäschetherapie**
  Man macht eine Ausräucherung und Auswaschung mit dem abgekochten medizinischen Sud.

- **Akupunktur (Lat.: acus=Nadel, punctio=das Stechen)**
  Die Akupunktur basiert auf der Lehre von „Yīn“ und „Yáng“, die später durch die Fünf-Elemente-Lehre und die Lehre von den Meridianen ergänzt wurde.
  In der Akupunktur werden rund 365 Akupunkturpunkte maßgeblich benutzt, die auf den sogenannten Meridianen angeordnet sind.[31] Nach dem Modell der Traditionellen Chinesischen Medizin wird durch das Einstechen der Nadeln der Fluss des „Qì“ (Lebensenergie) beeinflusst.

- **Schröpfen (Feuer-Schröpfen)**
  Der Unterdruck wird üblicherweise dadurch erreicht, dass die Luft im Schröpfkopf erhitzt und dieser sofort auf die Haut des Patienten gesetzt wird.

- **Massage**
  Massage ist eine natürliche, nicht-medikamentöse, physikalische Therapie. Der Arzt behandelt die schmerzenden Körperteile des Patienten durch Auspressen der spezifischen Akupunkturpunkte.

---

31 Sūn, Fēi (孙飞) (2009): S. 1.

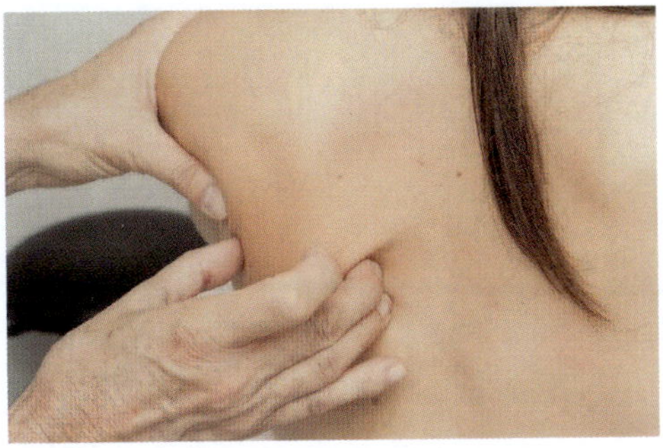

Abbildung 13: chinesische Massage

Abbildung 14: Tài jí Quán

Abbildung 15: Wǔ Qín Xì

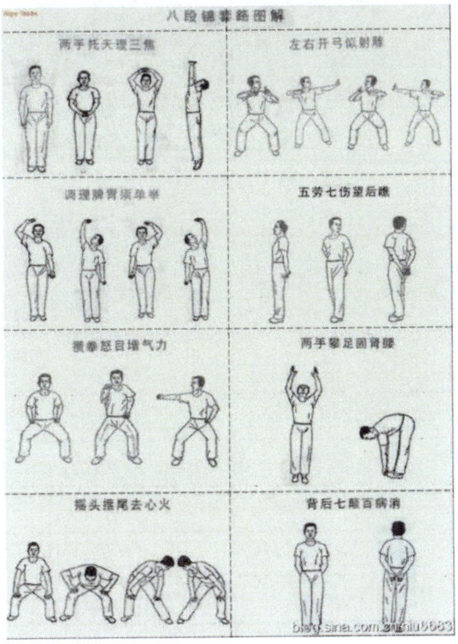

Abbildung 16: Bā duàn jǐn

2.4.3. Aktive Bewegungstherapie

Mentale Kontrollen, Ernährung sowie Bewegungstherapie sind auch benötigte Methoden der TCM-Behandlung. Ohne solche Kombinationsarbeit wird die sogenannte „Balance“ nicht erreicht!

- **„ Tài jí Quán (太极拳, TaiChi – chinesisches Schattenboxen)“**
  ist eine alte chinesische Bewegungstherapie, deren Wurzeln auf dreitausend Jahre alte Übungen daoistischer Mönche zurückgeht. Vor allem wird es häufig als System der Bewegungslehre oder der Gymnastik betrachtet, das der seelischen und körperlichen Gesundheit dienen kann.

- **„Wǔ Qín Xì (五禽戏)“**
  ist eine gymnastische Bewegungstherapie. Das Übungskonzept ist, die Bewegung der folgenden fünf Tiere zu imitieren: Tiger, Affe, Hirsch, Bär und Kranich.
- **„ Bā duàn jǐn (八段锦)“**
  ist eine traditionelle Gesundheitsgymnastik. Es gibt insgesamt acht Abschnitte, und in jedem Abschnitt gibt es nur eine einfache Bewegung mit abgestimmter Atmung.

3. Traditionelle Behandlung für psychische Erkrankungen[32]

Die TCM hat die menschliche Emotion nach sieben Arten wie folgt unterteilt: Freude, Zorn, Besorgnis, übermäßiges Nachdenken, Trauer, Angst, Erschrecken.

Diese können Störungen von einschlägigen Organen fördern. Das Gleichgewicht von „Yīn“ und „Yáng“ des Menschen wird zerstört, wenn man die äußeren Reize nicht richtig behandeln kann.

Zum Beispiel steht in der TCM: Zorn schädigt die Leber, Erschrecken oder Freude schädigt das Herz, zu viel Denken schädigt die Milz, Trauer oder Besorgnis schädigt die Lunge und Angst schädigt die Nieren.

3.1. Klassifikation der psychischen Erkrankungen in der TCM

Die TCM glaubt, die Hauptursache der abnormen Emotion ist das Ungleichgewicht von „Yīn“ und „Yáng“ bzw. der internen Lebensenergie („Qì“) und „Blut“. Man sollte das Gleichgewicht des Körpers wiederherstellen.

Die traditionelle Klassifikation der psychischen Erkrankungen in China ist in folgende Kategorien unterteilt[33]:

- **„Diān (癫)“**
  eine psychische Störung, wird auch ruhige Schizophrenie genannt. Die Symptome sind: öfters depressive Gedanken, Apathie, starres Verhalten, Aphasie, unmotiviertes Weinen oder Lachen, Geschmacksstörung usw.
- **„Kuáng (狂)“**
  ähnlich wie Manie. Patienten sind in Aufregung und Reizbarkeit.
- **„Xián (痫)“**
  ähnlich wie Epilepsie. In der TCM glaubt man, dass die Ätiologie von „Xián“ eine während der Schwangerschaft erschrockene Mutter ist.

32 Zhōu, X. S. (周学胜) (2004): S. 212.
33 (o. A.) (ca. 722 bis 221 v. Chr.), „Kanon des menschlichen Körpers bei Huángdì“, (o. S).

- **„Yù (郁)"**
  Ähnlich wie Depression. In der TCM glaubt man, dass die unterschiedlichen Symptome der Depression vom Problem verschiedener Meridiane bewirkt werden.[34]
  (1) Wenn der „Magen-Meridian" schwach („Xū") ist, wird der Patient relativ ruhig; vermeidet, das Licht zu sehen; fürchtet sich, wenn er den Klang von Holz hört.
  (2) Wenn der „Magen-Meridian" massiv („Shí") ist, bekommt der Patient Manie und Blähungen.
  (3) Wenn das Problem im „Nieren-Meridian" liegt, bekommt der Patient starre Augen, wird aufgeregt und bekommt Panik.

3.2. Behandlungen

In diesen Absatz werde ich zwei uralte Behandlungsgeschichten darstellen.

Beispiel 1: Jìn Fàn (范进) hat die Prüfung bestanden[35]

Abbildung 17: Jìn Fàn Zhòng jǔ

Im alten China gab es eine spezielle Prüfung auf Provinzebene. Wer diese Prüfung bestand, wurde später Regierungsbeamter. Ein Mann namens Jìn Fàn hatte diese Prüfung schon seit 20 Jahren versucht, ohne sie jedoch bestehen zu können. Fàn hatte kein Geld und musste deshalb bei seinem Schwiegervater wohnen. Er hatte große Angst vor dem Schwiegervater, weil er ihn oft beschimpfte. Als Fàn eines Tages die Prüfung endlich bestanden hatte, war er außer sich vor Freunde und wurde plötzlich verrückt. Keine Medikamente konnten diesem Mann mehr helfen. Als Fàns Schwiegervater es erfuhr, besuchte er ihn, schimpfte und verprügelte ihn wieder. Fàns Krankheit wurde dadurch geheilt!

34 Siehe Bezug zu Kapitel A.II.1.4.2. „Xū" und „Shí".
35 Wú, J. Z. (吴敬梓) (1749): (o. S.).

Zu viel Freude schadet dem sogenannten „Herz-Meridian". Das ist die Ursache der geistigen Verwirrung. Laut der Theorie von „Entwickeln/Gegenseitiger Förderung und Abbau/Reduktion" zwischen den fünf Elementen gehört der Herz-Meridian zum Feuer-Element, welches mit dem Wasser-Element ausgeglichen werden kann. Als Fàns Schwiegervater ihn verprügelte, hatte Fàn große Angst. Die Angst ist aber ein Gefühl, welches dem Wasser-Element zugeordnet ist. Daher konnte Fàns Angst (das Wasser-Element) seine überschüssige Freude (Feuer-Element) zurückhalten. Fàn war dadurch gesund geworden.

Beispiel 2: (Einsatz von Musik als Therapie)

Der berühmte Arzt Zìhé Zhāng hat in seinem Buch „Betreuung der Familienangehörigen der Konfuzianisten" einen Therapiefall wie folgt beschrieben:[36]

Die Ehefrau eines Regierungsbeamten hatte eine seltsame Krankheit bekommen. Sie schrie zwar vor Hunger, wollte aber eigentlich nichts essen. Sie schimpfte oft, schmutzige Wörter kamen dauernd aus ihrem Mund. Sie behauptete sogar, ihre Gefolgsleute umbringen zu wollen.

Zìhé Zhāng kam zur Untersuchung und sagte kopfschüttelnd dazu: „Bei dieser Krankheit helfen keine Medikamente. Es hat etwas mit der Psyche zu tun. Da muss man sich etwas ganz anderes einfallen lassen". Daraufhin ließ er zwei Frauen kommen, die gut singen und tanzen konnten. Beide hatten sich auffällig gekleidet, ihre Gesichter rot geschminkt. Sie sangen und tanzten wie Schauspielerinnen und hatten die kranke Ehefrau zum lauten Lachen gebracht. Am nächsten Tag waren die gleichen Frauen anders gekleidet und hatten in altem Stil des Ringens getanzt. Das hatte der Patientin sehr viel Freude gebracht. Gleichzeitig wurden köstliche Delikatessen aufgetischt. Zìhé Zhāng ließ zwei weitere Frauen mit gutem Appetit an den Tisch setzen. Die zwei hungrigen Frauen hatten dann angefangen, die köstliche Delikatesse zu genießen, während sie die ganz Zeit davon erzählten, wie gut das Essen geschmeckt hatte. Die Ehefrau des Regierungsbeamten, sich eben noch über die Darbietung der zwei Schauspielerinnen amüsierend, sah auf einmal wieder das leckere Essen. Das weckte ihren eigenen Appetit. Sie wollte sogar selbst das Essen probieren. Das hatte es seit den letzten sechs Monaten nicht mehr gegeben! So ging es dann tagelang mit der Musik-, Tanz-, Theatertherapie, dazu noch die geschickte Hinführung zum Essverhalten. Die Patientin hatte schließlich wenige Wutanfälle, bekam zunehmend Appetit und ihre Krankheit war von selbst geheilt worden.

Auch wenn es sich im Beispiel lediglich um eine rezeptive Musiktherapie handelt, kann hier die Wurzel der Diagnose der chinesischen Medizin bzw. der Fünf-Element-Lehre gefunden werden.

Diese Theorie besagt, dass es sich bei dem Wutanfall um ein Leberproblem handelt. Leber ist ein Holz-Element. Ein Überschuss an Holz-Element wird allerdings das Erd-Element zurückhalten. Das war der Grund, warum die Patientin

36 Zhāng, Z. H. (张从正[子和、戴人]) (1228): (o. S.).

nicht essen wollte, obwohl sie Hungergefühl hatte. Das Erd-Element hat etwas mit dem Milz- und Magensystem zu tun. Nur wenn das Erd-Element gestärkt wird, kann das Holz-Element ausgeglichen werden. Laut Theorie der Fünf Elemente kann das Feuer-Element das Erd-Element nähren. Zum Feuer-Element gehört der Herzmeridian, welcher wiederum lautes Lachen und Freude hervorruft. Dr. Zhāng wählte deshalb die lustige Musik aus, um gezielt das Erd-Element der Patientin zu „nähren". Obwohl Musik allein den Menschen schon glücklicher machen kann, ist es doch viel wichtiger, dass der Arzt die Ursache der Krankheit richtig erkennt und anschließend die entsprechende Behandlungsmethode auswählt. Darum hatte Dr. Zhāng folgende Bemerkungen zu seinen Behandlungsfällen gemacht. Er schrieb: „Das Wertvollste eines Arztes ist seine besondere Fähigkeit, allgemeines Wissen zu besitzen, aber anhand von konkreten Krankheitsfällen entsprechende Behandlungsmethoden anzuwenden. Wie hätte man die ärztliche Behandlung nur auf herkömmliche Medikamente beschränken können? Musik- und Psychotherapie ist ein wichtiges Gebiet, das nicht vernachlässigt werden darf. Sonst könnten viele derartige Krankheitsfälle nicht richtig behandelt werden."

4. Traditionelle Chinesische Musiktherapie in der alten Zeit

Es gibt in China eine lange Tradition, in der Musik für Heilzwecke eingesetzt wird. In dem Buch „Kanon des menschlichen Körpers bei Huángdì" hat man tiefgehende Auseinandersetzungen darüber geführt, wie Musik medizinisch eingesetzt werden kann, um die körperliche und seelische Konstitution des Menschen gezielt zu beeinflussen. Auch Konfuzius hat vor etwa 2200 Jahren die Musik als einen so wichtigen Bestandteil des kulturellen Alltags festgelegt, dass sie eines der sechs obligatorischen Fächer für angehende Gelehrte wurde, wie oben schon angedeutet.

Es gibt leider nicht so viele Dokumente oder sogar Protokolle im heutigen Sinne über traditionelle chinesische „Musiktherapie" in der alten Zeit. Ich habe folgende Auszüge ausgewählt, weil ich sie persönlich interessant fand. Durch die vorgestellten Behandlungsbeispiele werde ich versuchen, die mögliche Heilungsfunktion der Instrumente den TCM-Theorien folgend zu analysieren.

4.1. Behandlungsbeispiele

Beispiel 1: Krieg des „Huáng dì (黄帝)" mit „Chī yóu (蚩尤)"[37]

Der Kaiser „Huáng dì" hatte in einem Krieg mit „Chī yóu" neunmal verloren. Am Ende hat er eine Trommel aus Krokodilleder gebaut – sehr groß und laut, und der Schall trug weit. Das Militär der Gegenseite bekam Angst und „Huángdì" hat den Krieg durch diese List gewonnen. Danach wurde die Trommel immer wieder im Krieg eingesetzt.

37 Wú, X. R. (吴幸如) / Huáng, C. H. (黄创华) (2009): S. 38.

Beispiel 2: Die Kanzlerfrau in „Qìdān (契丹)"[38]

Ein „Qìdān"-stämmiger Arzt der „Liáo-Dynastie (辽朝, 907–1125)" namens „YeLüDiJin" hatte zu seiner Zeit die hartnäckige Krankheit einer Kanzlerfrau behandelt. Er war davon überzeugt, dass jene Krankheit mit der inneren Hitze zu tun hatte. Medikamente würden da wenig helfen können. In diesem Fall musste Psychotherapie eingesetzt werden. Um die heilenden Effekte zu erzielen, musste die innere Hitze ausgetrieben werden. Und der Arzt befahl den Dienern, Militärtrommeln zu holen und vor der Kanzlerfrau ununterbrochen lautstark zu trommeln. Es entstand ein ohrenbetäubender Lärm, welcher die Kanzlerfrau am nächsten Tag beinahe zum Wahnsinn getrieben hätte. Sie fing an, so laut zu schreien und zu schimpfen wie es nur ging, bis ihre Kräfte am Ende waren. Völlig erschöpft kam sie endlich zur Ruhe und wurde schließlich geheilt. Nach dem psychodynamischen Verständnis der TCM wird in diesem Fall die innere Hitze (Wutanfall) in Form von menschlicher Stimme ausgetrieben. Sobald diese Hitze ausgetrieben ist, vergeht auch die Krankheit. Die „ungewöhnliche" Art und Weise dieser „Musiktherapie", die oben erwähnt worden ist, hängt natürlich mit der offenen, direkten und gar rauen Mentalität der Bevölkerungsminderheit im Norden des Liáo-Staates zusammen. Wir heutigen Musiktherapeuten könnten dies aber auch als eine besondere Art von rezeptiver Musiktherapie verstehen.

Beispiel 3: „Ouyáng xīu (欧阳修)" spielt „Gǔqín (古琴)"

In Gesellschaft der Han-Chinesen hatte man viel darauf geachtet, dass durch das Spielen vom „Gǔqín" die eigenen emotionalen Aktivitäten gepflegt wurden. Zum Beispiel hatte der berühmte Schriftsteller namens „Ouyáng xīu" einmal unter Depression gelitten und eine schnelle Heilung war nicht in Sicht. Er fing an, mit einer „Gǔqín" den sogenannten „Gong"-Modus der alten chinesischen Musik zu spielen. Überraschenderweise war seine Depression dann verschwunden. In diesem Beispiel wurde auch ein Begriff der chinesischen Medizin erwähnt, nämlich die Beziehung der fünf Elemente und der fünf Töne, welche im Buch „Kanon des menschlichen Körpers bei Huángdì" ebenfalls beschrieben wurde.

Beispiele 4 und 5: Heilung durch Instrument und Tanz

Im Buch „Frühling und Herbst · Klassische Musik (吕氏春秋・古乐 – LǔShì ChūnQīu·GǔYuè)"[39] gibt es zwei Abschnitte, die beschreiben, wie menschliche Gesundheit mit Musik und Tanz bewahrt werden kann. Ich zitiere wie folgt:

„In der Vergangenheit, als noch der Kaiser „Yán (炎, ca. 2700 v. Chr.)" die Welt beherrschte, war es windig und zu viel „Yáng Qì (Yáng-Energie)" hatte sich

38 Tuotuo (脱脱), 1343–1344, „Liáo Shǐ·YeLüDiJin (辽史・耶律狄津传 – Geschichte der Liao Dynastie)", http://m.kanzhongguo.com/node/437043.

39 Lǔ, Bùwěi (吕不韦) (265–250 v. Chr.): (o. S.).

angesammelt. Dadurch veränderte sich die Balance und die Früchte blieben aus. Daraufhin spielte Kaiser „Yán" ein Fünf -Seiten-Instrument, um die „Yīn Qì (Yīn-Energie)" zu fördern, so dass die Gesellschaft wieder stabilisiert werden konnte."

Vor 4000 Jahren, am Ende der Herrschaft der „Yáo (尧, 2377–2259 v. Chr.)"-Stämme-Gemeinschaft, hatte es oft Überflutungen gegeben. Die Menschen hatten unter verschiedenen Muskel- und Knochenkrankheiten gelitten. Damals hatte man schon versucht, solche Krankheiten durch Tanzen und körperliche Bewegungen zu behandeln.

4.2. Musikinstrumente in der alten Zeit

Im vorherigen Beispiel habe ich schon einige Musikinstrumente erwähnt. In diesem Absatz werde ich unter dem Aspekt der traditionellen chinesischen Musiktherapie einige Musikinstrumente vorstellen, um ihre Effektivität zu diskutieren. Die folgende Klassifikation habe ich nach meinem persönlichen Verständnis aufgeschlüsselt.

4.2.1. „Holz"-Instrumente

Nach der Fünf-Elemente-Theorie können wir zum Beispiel den Klang der Trommel zu dem Element „Holz" zuordnen. Dieses Element wirkt auf die „Leber-Meridiane" (Bezug zu der Tabelle 2), dadurch kann der Spieler aktiv und mutig werden.

- **Trommel („鼓", Gŭ)**
  Dies ist das beliebteste und am häufigsten benutzte Instrument in China. Es gibt verschiedene Arten. Ursprünglich schlug man eine Keramikschüssel als Trommel, daraus entwickelte sie sich weiter. Später wurde sie mit Leder überzogen.

  Die Menschen haben im Krieg herausgefunden, dass die Trommel den Kämpfer stärken kann.

  Dieses Konzept der „Holz"-Instrumente wird bis heute in unserem Alltag angewandt. Zum Beispiel kann die „Affen-Trommel" die verschlafenen Kinder glücklich machen und helfen, wach zu bleiben.

- **Holzfisch („木鱼", Mù Yú, westliche Name: „Tempelblock")**
  Ursprünglich dem Daoismus entstammend wurde es ein gemeinsames Instrument in Buddhismus und Daoismus. Es ist hohl und hat eine Öffnung in der Mitte des Kopfes. Der Rücken (wo man klopft) ist schräg und beide Seiten sind Dreiecke, der Boden ist oval.

  Darüber gibt es viele Legenden, eine davon ist aus der Han-Dynastie (202 v. Chr. – 220 n. Chr.). Ein Mönch, beladen mit buddhistischen Büchern, ging einen sehr weiten Weg zum Tempel zurück. Aber die Bücher wurden von einem großen Fisch gegessen. Der Mönch tötete den Fisch, brachte den Kopf

Abbildung 18: Boleng Gǔ – Affentrommel

Abbildung 19: Holzfisch

zum Tempel, und schlug jeden Tag diesen Kopf. Später, als der Kopf zerbrochen war, kam an die Stelle ein Holz-Fisch, dieser diente zum Alarm geben.

Es gibt auch eine implizite Bedeutung: Die Augen kann der Fisch nicht schließen, sodass der Mönch bei Tag und Nacht wach bleiben soll. Dadurch kann man Entfernen von Verdruss und den Frieden erhalten, um ein aufrichtiges Gefühl und inspirierende Weisheit zu leben.

4.2.2. „Gold"-Instrumente

- **„Luó" – Gong – Glocke – „Bá (die chinesische Becken)"**
  Metallinstrumente wie der Gong wurden ursprünglich zum Vogelfang verwendet. Man lockte die Vögel mit Futter auf den Boden, dann wurde der Gong geschlagen. Die Vögel erschreckten sich und flogen ins Netz. Die Stimme des Gongs ist laut und voll Spannung.

  Ihr Klang wird in der Fünf-Elemente-Theorie dem „Gold" zugeordnet und beeinflusst den „Lungen-Meridian" (siehe Tabelle 2). Das bedeutet Appell, aber auch Rückzug und Trauer.

Abbildung 20: Luó – Gong – Glocke – Bá

4.2.3. Erd-Instrumente (z. B.: Gefühl der Sehnsucht)

- **„Xūn (埙)", ein Blasinstrument mit einer Geschichte von ungefähr 6000 bis 7000 Jahren**
  Erdinstrumente werden aus Tonerde gebrannt. Anfangs war es ein Stein zum Jagen. Beim Werfen gab es einen Ton. Später hat man das Musikinstrument daraus konstruiert. Man brannte es aus Porzellan, höhlte es aus und versah es mit Löchern.

  Es gab einen berühmten Krieg am Ende der „Qín"-Dynastie (202 v. C), zwischen Han und Chu. Er dauert sehr lange Zeit und es gab auf der Seite der Chu fast kein Essen mehr. Der Oberbefehlshaber der Han ließ jemand ein berühmtes Lied der Chu spielen mit der „Xūn". Die Krieger der Chu hatten keinen Kampfeswillen mehr, als sie die Musik aus der Heimat hörten. Ihre Sehnsucht nach der Heimat war geweckt. So brachte sich am Ende der Oberbefehlshaber der Chu neben dem Fluss „Wūjiāng" um.

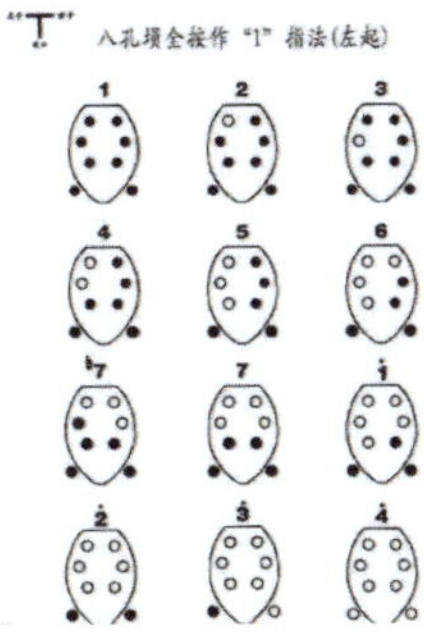

Abbildung 21

Abbildung 22: chinesische Flöte

4.2.4. Weitere noch nicht klassifizierte Instrumente

- **„Dí (笛) ", Flöte mit einer Geschichte von über 9000 Jahren**
  Ein Kranker kam zu dem damalig berühmten Arzt „Miáo Fù (苗父)". Er bat den Patienten, sich auf bequeme Strohbündel zu legen. (Er wartete ein bisschen.) Dann begann er die Flöte zu spielen. Das hatte einen heilenden Effekt.[40]

  Es gibt noch weitere Instrumente, die zu dieser Instrumentengruppe gehören, z. B. die „Xiāo (萧)": sie ist meistens länger als die „Dí (笛)" und hat tiefere Tönen. Die Spielposition von den beiden Instrumenten ist auch unterschiedlich. Die „Xiāo (萧)" wird ähnlich der europäischen Blockflöte geblasen, die „Dí (笛)" wird als normale Flöte waagerecht gespielt.

---

40 Sīmǎ, Q. (司马迁) (109–91 v. Chr.): (o. S.).

Abbildung 23: „Xiāo“

- **„Gǔ Qín (古琴)“ mit einer Geschichte von über 3000 Jahren, wie eine Griffbrettzither**

In der traditionellen chinesischen Kultur glauben wir, dass die Musik der „Gǔ Qín“ für die Heilung benutzt werden kann. Augenfällig ist der Bezug des Instrumentes zu der Form des menschlichen Körpers, so werden die Teile des Instrumentes tatsächlich als Kopf, Hals, Körper, Beine und Füße bezeichnet.

In der alten chinesischen Philosophie glaubte man, dass die tiefen Töne des „Gǔ Qín“ den Geist der Menschen ruhig machen konnten. Das Instrument hat Wirkung auf die Akupunkturpunkte der Meridiane. Es gibt hier eine Reaktion – die Meridiane beeinflussen die Organe.

Das Instrument „Gǔ Qín“ hatte anfangs fünf Saiten wie in der Pentatonik, später kamen zwei Saiten dazu, das F und das H. Dazu 13 Punkte, wie bei der Geige, aber man spielt es mit der Hand.

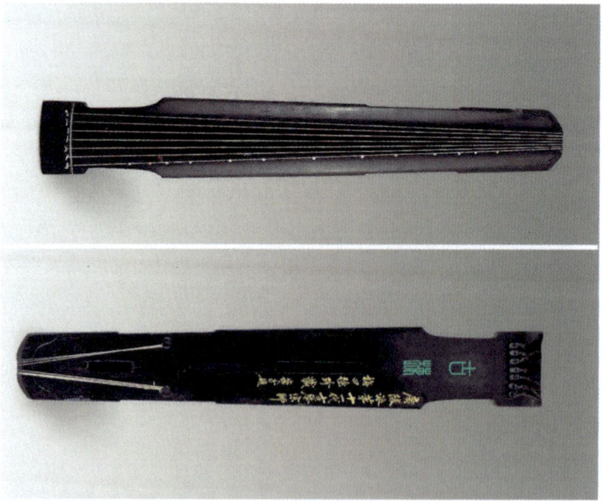

Abbildung 24: Gǔ Qín

Das Instrument ist 365 Zoll lang, das steht für 365 Tage im Jahr. Vorne ist es 8 Zoll, hinten 4 Zoll lang: das weist auf die chinesische Zeiteinteilung (z. B. Jahreszeiten) hin. Auf dem Instrument gibt es 13 Zeichen. Das entspricht zwölf Monaten und einem Doppelmonat (nach dem chinesischen Mondkalender).

In vielen traditionellen medizinischen Büchern sowie im „Kanon des menschlichen Körpers bei Huángdì“ hatte man über Heilwirkungen des „Gǔ Qín“ geschrieben. Aber aus unterschiedlichen historischen Gründen ist viel Wissen verloren gegangen, z. B. durch Krieg oder nur mündliche Lehrmethoden, sodass wir heute solche Theorien – auch mit Forschungen – nicht vollständig verstehen.

Es gibt noch folgende Instrumente, die zu dieser Instrumentengruppe gehören, z. B. die „Zhēng (筝)“. Sie ist größer und es gibt mehrere Saiten und mehrere Stände (Stege) als bei der „Gǔ Qín (古琴)“.

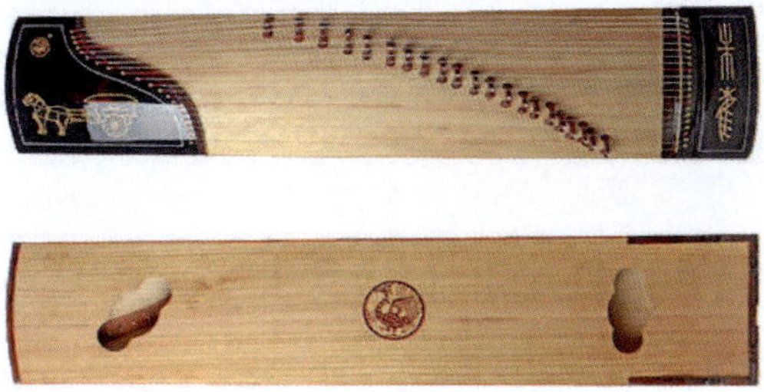

Abbildung 25: „Zhēng“

- **„Pípa (琵琶)“ mit einer Geschichte von über 2000 Jahren, ein traditionelles Saiteninstrument in Ostasien**
  Die Pipa nimmt der Spieler in die Arme und setzt sie auf den Oberschenkel. Der auffällige Unterschied zu anderen Instrumenten ist, dass es einen engen Kontakt mit dem menschlichen Körper hat.

  Eine Besonderheit dieser Instrumentengruppe ist es, die Natur nachzumachen, z. B. Vogelgesang, fließendes Wasser spielen usw.

Abbildung 26: „Pípa“

Abbildung 27: „Pípa“ spielen

5. Musik als positives Element in der chinesischen Gesellschaft

5.1. „Chinesische Oper-Spielen" für alte Menschen

Abbildung 28: Pekingoper singen

Die Chinesische Oper entwickelte sich während der Tang-Dynastie (618–906 n. Chr.) aus Vorformen des Musiktheaters. Die unterschiedlichen Opernformen werden erst durch die Lokaltypen aufgeteilt. Die alten Menschen spielen zusammen sehr gern verschiedene Opernstücke, mal singen sie, mal spielen sie Instrumente, außerdem stellen sie es mit szenischen Rollen dar.

5.2. „Karaoke-Singen"

Es steht „Kara" für die Leere, die Stille und „Oke" für das Orchester (japanisch). Während des Singens kann man die Textinformation auf einem Fernseher sehen und wird von der speziellen Karaoke-CD begleitet. Es ist eine sehr beliebte Freizeitbeschäftigung – nicht nur in Asien!

Ich glaube, solche Freizeitspiele haben eine positive Bedeutung in der chinesischen Gesellschaft. Gesang steht als Ausdruck, Spiegel und Beeinflussung persönlicher Gefühle. Wie wir vom Ursprung der Vokalkunst wissen, „fängt man an zu sprechen unter der Stimulation der Umwelt; und man fängt an zu singen, wenn die Sprache Gefühle nicht hinreichend oder vollständig ausdrücken kann; Tanz kommt dazu, um tieferen Ausdruck zu erreichen"[41].

41 Guō, M. R. (郭沫若) (1983): S. 29.

III. Heutiges chinesisches Gesundheitssystem

1. Aktuelle medizinische Grundlagen: Die Integration der Behandlungsmethoden (中西医的结合)

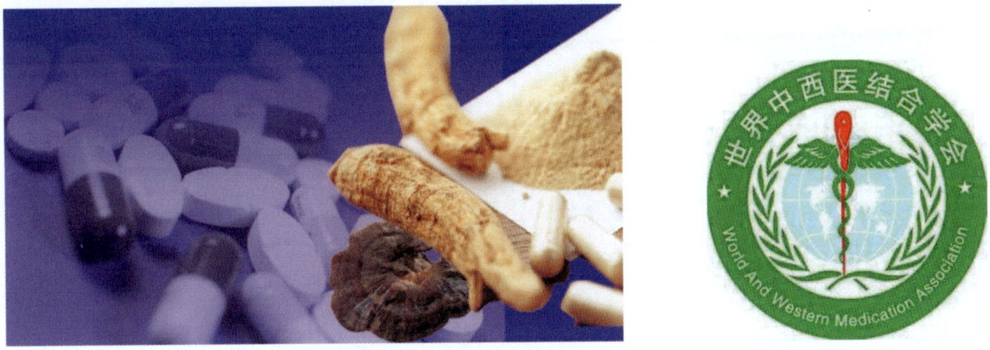

Abbildung 29

In China koexistieren zwei Medizinformen, die traditionelle und die westliche, friedlich nebeneinander: es gibt zweierlei Kliniken, Apotheken, Ärzte, sogar Universitäten mit unterschiedlichen Studiengängen.[42]

„Integrative Behandlung“ ist ein Begriff im Bereich der Traditionellen Chinesischen Medizin und basiert auf gegenseitiger Ergänzung und des „Voneinander-Lernens“ der chinesischen und westlichen Medizin.[43] Dabei handelt es sich um Diagnose und Behandlungsmethoden zur Übernahme und Fortführung der chinesischen Medizin durch wissenschaftliche Erkenntnisse und Methoden der modernen westlichen Medizin.

Krankheitsnamen wurden anhand der Diagnosemethoden der westlichen Medizin bestimmt. Gleichzeitig wurden die Formen und Stadien der Krankheiten mithilfe der dialektischen Denkweise der chinesischen Medizin eingeteilt. Dadurch wurden Krankheiten von zwei verschiedenen medizinischen Aspekten her betrachtet. Einerseits wurden die Ätiologie und partielle pathologische Veränderungen beachtet, andererseits wurden aber auch die Reaktion auf den ganzen Körper und die dynamischen Veränderungen während des Krankheitsverlaufs mitberücksichtigt, um die passenden Behandlungen einzuleiten.

Bei der Frage, welche westlichen bzw. chinesischen Methoden während der verschiedenen Behandlungsphasen vorzuziehen sind, handelt es sich nicht um eine wahllose Zusammenstellung von westlichen und chinesischen Medikamenten. Vielmehr geht es dabei um eine gegenseitige Anpassung und Ergänzung von beiden Systemen, damit eine noch effizientere Wirksamkeit erzielt wird. Je nach Bedarf fokussieren die Therapien manchmal mehr auf Theorien der chinesischen,

---

42 www.gesundheit-heines.de/newsletter/news_0709_chines_medizin_I.pdf
43 http://www.cnctst.gov.cn/pages/homepage/result.jsp

manchmal mehr auf denjenigen der westlichen Medizin, manchmal aber auch auf neuen Theorien, die aus den beiden entstanden sind.

Die integrative Behandlungsmethode ist sehr populär in China. In den meisten Fachkliniken für Traditionelle Chinesische Medizin werden spezielle westliche Untersuchungslabors, chirurgische Abteilungen und OP-Abteilungen eingerichtet. Umgekehrt werden aber auch bei vielen westlich orientierten Kliniken Abteilungen der Traditionellen Chinesischen Medizin eingeführt.

2. Moderne Behandlung für psychische Erkrankungen

Eine Thematisierung psychischer Ursachen wurde im ärztlichen Gespräch meist vermieden, weil man glaubt, dass das psychische Probleme eine negative Bedeutung haben. So hatten die Menschen auch eine geringere Sensibilität für psychische Probleme und ignorierten sogar einige der frühen Symptome. Patienten wurden von Familienmitgliedern oder sozialen Aufsichtsbehörden erst zum Klinikum geschickt, wenn die Krankheit schon schlimmer und auffällig war.

Da in China zunehmend mehr Aufmerksamkeit auf Lebensqualität gelegt wird, versucht man sich heutzutage, sich allmählich mehr auf die psychische Gesundheit zu konzentrieren und sich auch mit den eigenen psychischen Problemen zu beschäftigen. Allerdings gehen die meisten Patienten noch sehr vorsichtig und diskret zum Arzt.

Für psychische Krankheiten gibt es in China folgenden Prozessen:

Ambulante Behandlung → psychologische Beratung → Krankenhausaufenthalt → Rehabilitation.

2.1. Behandlungsinstitutionen für psychische Erkrankungen

In China gibt es zwei Gattungen von öffentlichen Krankenhäusern: Allgemein-Krankenhäuser und Fach-Krankenhäuser.

Die Psychiatrie ist ein sogenanntes Fach-Krankenhaus. Der Patient wird erst in einem allgemeinen Krankenhaus körperlich und geistig untersucht. Basierend auf spezifischen Bedingungen wird entschieden, ob er dann in eine psychiatrische Klinik überwiesen wird.

Patienten können auch direkt in die Psychiatrie gehen, aber dieser Weg wird meistens vermieden. Viele Patienten sind eher bereit, sich in einem privaten Unternehmen für psychologische Beratung behandeln zu lassen, obwohl die Kosten nicht von der Krankenkasse übernommen werden.

2.2. Häufige Indikationen in der chinesischen Psychiatrie

Es gibt folgenden Indikationen in der chinesischen Psychiatrie:

Schizophrenie, Depression, mentale Störung/affektive Störung, Alkoholabhängigkeit, Schlafstörung, Sexuelle Störung, psychische Störungen von alten Menschen, psychische Störungen von Kindern und Jugendlichen.

2.3. Behandlungsmethoden in der chinesischen Psychiatrie

2.3.1. Die Integration der Behandlungsmethoden in einer chinesischen P sychiatrie[44]

In China werden auf dem Gebiet der Psychiatrie und Psychotherapie ebenfalls Methoden der Traditionellen Chinesischen Medizin eingesetzt, wie z. B. in der „Huí Lóng Guàn-Psychiatrie (回龙观)“. Allerdings dienten die chinesischen Methoden eher als Ergänzungen für die westlichen Behandlungsmethoden. In der klinischen Praxis werden chinesische Methoden vor allem verwendet, um bestimmte Nebenwirkungen für den Patienten zu lindern, wie z. B.: Spätdyskinesien, Menstruationsstörungen, Gewichtszunahme durch endokrine Störungen, Blutzucker, Verstopfung usw.

2.3.2. „Modified TCM Emotional Therapy, MTET“[45]

Shàoxiào Yán (闫少校), ein Oberarzt der „Huí Lóng Guàn-Psychiatrie (回龙观)”, stellte eine TCM-Therapie für psychische Krankheiten – “MTET (Modified TCM Emotional Therapy)“ auf. Die Methode basiert auf chinesischen medizinischen Grundlagen, das heißt auf dialektischem Denken (siehe Kapitel A. Theorie, I.2.2.). Behandlungsziel ist die Verbesserung des emotionalen Zustands. Die Patienten werden in einer Gruppe durch Rollenspiele behandelt. Der Arzt/Therapeut leitet die Patienten, um das sogenannte geistige Ungleichgewicht wiederherzustellen. Das ursprüngliche Behandlungsmuster ist in Kapitel A. Theorie, (I.3.2., Beispiel 1) beschrieben.

2.3.3. Andere Behandlungsmethoden

Es gibt noch andere häufig verwendete Methoden in der chinesischen Psychiatrie:

- Medikamentöse Behandlung
- Modified Electroconvulsive Therapy – MECT (多参数监测无抽搐治疗)
- Psychotherapie
- Psychiatrische Rehabilitation

(Musiktherapie, Tanztherapie, Sport und Bewegungstherapie, Keramik-Therapie, Psychodrama, kognitive Förderung, Malen und Kalligraphie, computergestützte kognitive Förderung. Diese obigen Therapieformen gehören alle zur Kunst-Verhaltens-Therapie in der chinesischen Psychiatrie.) Ich werde im folgenden Abschnitt darüber schreiben.

44 Yán, S. X. (闫少校), mündliche Mitteilung am 18.12.2012.
45 http://www.bhlgh.com/Hospital.aspx?Cat_ID=698&Column_Cat_ID=161

IV. Moderne Musiktherapie in China

1. Die Entwicklung der abendländischen Musiktherapie in China

1.1. Die Etablierung in China

Im Jahr 1980 stellte „Bāngruì Líu (刘邦瑞)", ein von der Arizona State Universität USA ausgebildeter Musiktherapeut, die Theorien der westlichen Musiktherapie in Peking (北京 – Běi Jīng) am „Zentralen Konservatorium" (中央音乐学院) vor. Das rief in China positive Auswirkungen hervor. Seitdem wurden viele verschiedene Versuche und Forschungen begonnen. Im Jahr 1984 wurde eine psychologische Musiktherapie („心理音乐疗法") in „Cháng Shā (长沙 – Ort in der Hunán Provinz)" gestartet. Von 1985 bis 1986 verwendete man im „Huí Lóng Guàn (回龙观)"- und „Andìng (安定)"-Klinikum in Peking die aktive Musiktherapie im Bereich chronischer Schizophrenie und Depression von alten Menschen. (An der „Huí Lóng Guàn"-Psychiatrie habe ich im Dezember 2012 ein Praktikum gemacht und werde später darüber berichten). Im Jahr 1989 wurde die „Chinesische Musiktherapie Assoziation" gegründet, bis heute gibt es schon über 150 Organisationen aus 28 Provinzen und mehr als 600 Mitglieder.[46]

1.2. Standorte der Musiktherapie

Am Anfang wurde Musiktherapie nur in der Psychiatrie und in militärischen Krankenhäusern als Lazarett-Physiotherapie genutzt, später wurde sie in einigen allgemeinen Kliniken verbreitet. Seit 1991 wurde ein zweijähriges Musiktherapie-Experiment („音乐治疗实验") in vier Sonderschulen für geistig Behinderte in „Shànghǎi (上海)" und „Guǎngzhōu (广州 – Ort in der Guǎngdōng Provinz)" durchgeführt. Das war der Auftakt der modernen Musiktherapie in China.

Bis 2012 gibt es in China schon über 200 Institutionen, in denen Musiktherapie durchgeführt wurde, einschließlich Allgemein-Kliniken, wohngemeinschaftliche Krankenhäuser, Psychiatrie, Pflegeheime, Rehabilitations- und Kinder-Zentren.

1.3. Beschäftigte im Bereich Musiktherapie

Beschäftigte im Bereich Musiktherapie kamen früher meistens aus einschlägigen Fächern: Es waren ausgebildete Musiker, Ärzte, Psychologen, Lehrer, Künstler und Pharmazeuten. Es gab aber auch sogar Ingenieure, Bibliothekare, Buchhalter, Ökonomen usw. So waren etwa fünfzehn verschiedene Berufe vertreten.[47] Es gibt in China insgesamt bisher nur sehr wenige ausgebildete Musiktherapeuten, eine diesbezügliche Statistik liegt allerdings zur Zeit noch nicht vor.

Ursache ist, dass der Beruf des Musiktherapeuten/der Musiktherapeutin bisher in der chinesischen Gesellschaft noch nicht richtig anerkannt ist. Absolventen

---

46 Zhāng, H. Y. (张鸿懿) (2000): S. 7.
47 http://www.musictherapy5.com/Article/?66.html

der Fachrichtung Musiktherapie, die keine akademischen Grade der medizinischen Hochschule vorweisen können, dürfen nur als Aushilfskräfte oder bei privaten Beratungsfirmen arbeiten. Meistens arbeiten Ärzte oder Psychiater musiktherapeutisch, die in manchen Fällen zusätzlich eine Musiktherapie-Ausbildung gemacht haben.

2. Skizzierung der Ausbildung und des wissenschaftlichen Stands der Musiktherapie in China

2.1. Ein Überblick zur Musiktherapie-Ausbildung in China

Im Jahr 1988 wurde die erste Musiktherapie-Ausbildung auf Hochschul-Level am „Chinesischen Konservatorium (中国音乐学院)" in Peking eingerichtet. Aber wegen des Mangels an qualifizierten Lehrkräften wurde der Lehrbetrieb zwei Jahre später wieder eingestellt.

Ein wichtiger Förderer der Musiktherapie in China ist „Tiān Gāo (高天)", ein Absolvent der Musiktherapie an der Temple Universität Philadelphia USA. Er hatte im Jahr 1996 ein Forschungszentrum für Musiktherapie am „Zentralen Konservatorium" in Peking („北京 – Běi Jīng") eingerichtet. Zunächst wurde der Master-Studiengang im Jahr 1999 eingeführt, es folgte dann der Bachelor-Studiengang im Jahr 2003.

2011 fing das „Chinesische Konservatorium (中国音乐学院)" an, Promotionsstudenten aufzunehmen. Bis 2008 gab es in China bereits etwa 20 Universitäten/Institute, die Musiktherapie- Kurse bzw. Studiengänge etabliert haben.[48]

Ich habe zwei chinesische Konservatorien mit bestimmten Lehrinhalten als Beispiele ausgewählt: das Konservatorium Shanghai liegt im Süden Chinas, das Zentrale Konservatorium liegt im Norden Chinas (Peking). Beide Konservatorien hatten im Jahr 1996 ihre Fachrichtung für Musiktherapie eingerichtet. Durch Betrachten des Studienverlaufs in den beiden Konservatorien können wir einen Überblick über die aktuelle Situation der Musiktherapie-Ausbildung in China bekommen.

2.2. Vergleich der Musiktherapie-Studiengänge in zwei chinesischen Konservatorien

- **Zentrales Konservatorium Peking**
  Die Fachrichtung Musiktherapie am Zentralen Konservatorium wurde von zwei Personen gemeinsam eingerichtet und vorangetrieben: Tiān Gāo (高天) und die Person, die ihn eingeladen hatte: Hóngyì Zhāng (张鸿懿). In der Anfangsphase handelte es sich lediglich um ein Forschungszentrum mit der Aufgabe, Informationen über Musiktherapie in China bekannt zu machen und ggf.

48 Zhāng, H. Y. (张鸿懿) (2000): S. 8.

zu verbreiten. Vereinzelt hatten auch Behandlungen stattgefunden.[49] Im Jahr 1999 wurde der Master-Studiengang eingeführt. Seit 2003 gibt es einen Bachelor-Studiengang.[50] Jährlich wurden etwa zehn bis fünfzehn Bachelor-Studenten und zwei bis drei Master-Studenten aufgenommen.[51]

Im Großen und Ganzen hat das Zentrale Konservatorium die Studienabläufe der Temple Universität übernommen.

- **Konservatorium ShàngHǎi**
  Die Musiktherapie am Konservatorium ShàngHǎi wurde ebenfalls um das Jahr 1996 unter der Fachrichtung Musikpädagogik eingerichtet. W. Mastnak, Honorarprofessor für Musikpädagogik an der Hochschule für Musik und Theater München, wurde vom Konservatorium Shanghai als Berater eingestellt, sodass die Studienabläufe am Konservatorium Shanghai mehr von Europa beeinflusst sind.

- **Aufnahmeprüfung**[52]
  Die Prüfungsordnung beider Konservatorien zeigt, dass ein hoher musikalischer Anspruch an die Studienbewerber gestellt wird und dass die Kandidaten in der Regel in drei Runden geprüft werden:

Erste Runde:
Liedersingen aus einem vorgegebenen Repertoire
Klavierspiel: improvisierte Begleitung
Zweite Runde:
Liedersingen aus einem vorgegebenen Repertoire
Klavierspiel: improvisierte Begleitung mit drei Kreuzen
Zweites Instrument
Westliche Musikgeschichte
Moderne chinesische Musikgeschichte
Klavierspiel: mindestens eine Fuge oder eine Mozart-Sonate
Dritte Runde:
Gehörbildung und Musiktheorie

Tabelle 5 Prüfungsordnung der Musiktherapiestudium

49 Gāo, T. (高天), mündliche Mitteilung am 29.12.2012 im Musiktherapie Zentrum am Zentralen Konservatorium.
50 Gāo, T. (高天) (2008): S. 16.
51 Zhāng, H. Y. (张鸿懿) (2000): S. 8.
52 Prüfungsordnung des ShàngHǎi Konservatoriums (07.01.2013); Prüfungsordnung des Zentralen Konservatoriums Peking (14.12.2012).

- Studienprogramm

Lehrplaninhalt am Zentralen Konservatorium Peking[35]	**Lehrplaninhalt am Konservatorium ShàngHǎi**[36]
Bachelor	**Bachelor**
Grundlagen musiktherapeutischer Theorie	Grundlagen musiktherapeutischer Theorie
Musiktherapie: klinische Anwendung	Methode der Musiktherapie bei klinischer Anwendung
Methode der Musiktherapie	Musikalische Methodik: klinische Anwendung
Bewertungsmethoden der Musiktherapie	Bewertungsmethoden der Musiktherapie
Westliche Musikgeschichte	Lesungen, Analyse und experimentelles Design
Musikpsychologie	Musikpsychologie
Gesang, Gitarre und Klavier-Improvisation	Praxis der Musiktherapie
Orff-Musikpädagogik	Musikpädagogik
Psychologie des Abnormen	Abnormen-Psychologie
Medizinische Psychologie	Psychologie
Grundlagen der chinesische Medizin	Musiktherapie: klinische Anwendung
Anatomie	Anatomie
Entwicklungspsychologie	Entwicklungspsychologie
Gehörbildung	Gehörbildung
Klavier	Klavier
Gesang	Gesang
Harmonie und musikalische Form	Kompositionslehre und Analyse
Praktikum	Hospitanz im Praktikum
6 Monate Praktikum	Therapien im Praktikum
Master	**Master**
Methode der Musiktherapie-Forschung	Grundlagen musiktherapeutischer Theorie
Einzelne Musiktherapie	Praxis der Musiktherapie
Gruppen-Musiktherapie	Einzelne Musiktherapie
Methode der Musikassoziation	Gruppen-Musiktherapie
Musiktherapeutisches Praktikum	Rezeptive Methode
Anatomie	Re-kreative Methode
Abnormen-Psychologie	Musiktherapeutisches Praktikum
Musikpsychologie	Methode der Improvisation
6 Monate Praktikum	Abnormen-Psychologie
Masterarbeit	Musikpsychologie
	Funktionale Musik
	Orff-Methode
	Masterarbeit

53 Gāo, T. (高天), mündliche Mitteilung am 29.12.2012 im Musiktherapie Zentrum am Zentralen Konservatorium.

54 PPT des Konservatioriums ShàngHǎi, Die erste Sitzung über Musiktherapie, S. 5–7.

2.3. Literatur

Es gibt mehr und mehr Fachbücher im Bereich Musiktherapie, die in China publiziert wurden. Z. B. hat die Chinesische Musiktherapie Assoziation jedes Mal nach ihrer jährlichen Tagung eine Zeitschrift veröffentlicht. Bis 2012 gab es schon zehn Bände.

Bisher gab es auch viele Bücher mit guter Qualität bezüglich der Übersetzung, diese sind aber meistens von englischsprachigen Autoren, beispielweise die „CCMD-3 (chinesische Klassifikation psychischer Störungen-3)", eine Übertragung des DSM-IV.

Im Vergleich mit der amerikanischen Musiktherapie scheint es mir wichtig, auch andere Aspekte des Faches von nicht-englischsprachigen Ländern zu rezipieren. Beispielweise wird das Fach in Deutschland um Erkenntnisse aus den Bereichen Tiefenpsychologie und Psychoanalyse erweitert.

2.4. Praktikum und Arbeitsmöglichkeit

2.4.1. Praktikum

Für eine Praktikums-Stelle zahlt man in China kein Gehalt. Der/die Praktikant/in beantragt die Stelle mit einem Empfehlungsbrief (Einführung) der zuständigen Universität oder eines Instituts und bezahlt die Praktikums-Gebühr nach der Zulassung. Die Praktikums-Frist ist normalweise von drei Monaten bis zu zwei Jahren.[55]

Von Krankenhäusern werden in der Regel nur Absolventen einer medizinischen Hochschule mit zusätzlicher Musiktherapie-Ausbildung als Musiktherapeuten eingestellt, während die meisten Absolventen der Fachrichtung Musiktherapie als Reha-Therapeuten oder im Rahmen der Sonderschulbildung von Kindern arbeiten. In der Gemeinde und in Gefängnissen wird Musiktherapie auf ehrenamtlicher Basis ausgeübt.

2.5. Schlusswort

Es gibt im chinesischen Musiktherapie-Studium eine „Methode" namens „Lernen durch Ausprobieren", die oft genutzt wurde, weil in diesem Bereich die qualifizierten Fachkräften und Praxiserfahrungen fehlten. Es bleibt zu hoffen, dass, durch Austausch, Schulungen und mehr veröffentlichte Fachbücher, sich das Musiktherapie-Studium ständig mehr verbessern wird.

55 www.bhlgh.com/EduCont.aspx?MenuID=3&cat_id=97

3. Anwendungsgebiete der Musiktherapie in China

3.1. Standorte

Aufgrund des zunehmenden gesellschaftlichen Bedarfs an psychischer Gesundheit boten bis 2012 u. a. Institutionen wie Allgemein-Krankenhäuser, Gemeinschafts-Krankenhäuser, Nervenkliniken, psychiatrische Kliniken, psychiatrische Beratungsstellen, Pflegeheime, Rehabilitationszentren, Kinderbildungszentren, Gemeinden und Gefängnisse Musiktherapie an.

3.2. Indikationen

Im China wird Musiktherapie für die folgenden Indikationen angewendet:

- Psychische Störungen (Schizophrenie, Depression, Neurose)
- Neurologische Krankheiten (Folgeerscheinungen von Schlaganfall, Schlafstörung, Neurasthenie)
- Schmerz
- Tumorerkrankungen
- Herz-Kreislauf-Erkrankungen
- Frauen in Schwangerschaft oder in Wechseljahren
- Virale Hautkrankheiten
- Pränatale Erziehung/ Arbeit mit Schwangeren
- Erziehung geistig behinderter Kinder
- Drogenabhängigkeit
- Stress
- Präventivmaßnahmen bei leichten Krankheiten

3.3. Methoden

Die moderne chinesische Musiktherapie wird auf einer Seite von der amerikanischen Musiktherapie tief beeinflusst. Diese neigt zu der verhaltenstherapeutisch orientierten Musiktherapie. Auf der anderen Seite wird sie von traditioneller chinesischer Musiktherapie beeinflusst und neigt zu rezeptiven Vorgehensweisen. Die tiefenpsychologischen und psychoanalytischen Methoden fehlen heutzutage noch in China!

Die häufig verwendeten Behandlungsmethoden sind Folgende:

3.3.1. Rezeptive Musiktherapie

Rezeptive Musiktherapie ist eine oft praktizierte Vorgehensweise in China. Man verstand sie meistens nur als „Musikhören“.

Aber „Musikhören" im therapeutischen Kontext wird nicht nur als etwas „Passives" aufgefasst"[56]. Die Musiktherapeuten sollen beobachten, „was der Klient zu welcher Zeit in seinem Leben für Musik gehört und wie diese mit welchen schicksalhaften Prozessen und Ereignissen verbunden ist"[57]. So werden sie „vielleicht besser verstehen, warum welche Musik ihn/sie beim Hören in welche Zustände zu versetzen vermag."[58]

In diesem Zusammenhang wird weiter ausgeführt, „dass das Hören unsere früheste intrauterine Sinneswahrnehmung ist und an der Basis der Persönlichkeit als existenziell oder vertraut, bedrohlich oder beeindruckend usw. erlebt wird. Daher können auch tiefe, frühe Schichten der menschlichen Persönlichkeit beim Hören in therapeutischen Kontexten aktiviert werden. Auch im frühen Dialog können Signale und Reize im Hin und Her zwischen der Mutter bzw. den frühen Bezugspersonen und dem Kind als analog zu verschiedenen Elementen von Musik verstanden werden."[59]

Timmermann hat auch das „Für-Spiel" als eine Vorgehensweise vorgestellt. „Diese Vorgehensweise ist eine musiktherapeutische Verwirklichung psychotherapeutischer Techniken wie „Holding" und „Nähren". Bei diesen geht es darum, an den frühen Wurzeln der Persönlichkeit elementare Versorgung wie Halten, Tragen, Wiegen usw. im therapeutischen Setting zu vermitteln."[60]

3.3.2. GIM (Guided Imagery and Music)

Helen Lindquist Bonny beschreibt GIM als eine Methode, bei der man den Klienten in einem entspannten Zustand ein ausgewähltes Musikprogramm hören lässt, um psychische Symbolisierungen hervorzurufen und tiefe Gefühle aus dem Unbewussten hervortreten zu lassen. Er erlebt in visuellen Bildern die Veränderungen in der Stimmung und eine physiologische Wirkung im Körper. Das fördere Kreativität, Selbstverständnis, ästhetische Prägung, religiöse und transpersonale Erfahrungen und bewirke ganzheitliche Heilung und persönliches Wachstum.[61]

Der GIM-Therapeut führt in der Sitzung einen aktiven Dialog mit dem Zuhörer, ermutigt und fokussiert auf Emotion, Bilder, körperliche Empfindungen, Erinnerungen und Gedanken.[62]

Diese Methode basiert auf den Prinzipien einer Psychotherapie mit dem Medium Musik, die ungelöste psychologische Problem des Klienten durch die Dynamik der Musik-Auswahl an die Oberfläche dringen lassen soll. Solche Probleme werden in symbolischer Form in Bildern, Gefühlen und körperlichen Reaktionen

56 Decker-Voigt, H.-H. / Oberegelsbacher, D. / Timmermann, T. (2008): S. 68.
57 Ebd. (2008): S. 68.
58 Ebd. (2008): S. 68.
59 Ebd. (2008): S. 68.
60 Decker-Voigt, H.-H. / Oberegelsbacher, D. / Timmermann, T. (2008): S. 70.
61 Grocke, D. E. (1999): S. 1, 70.
62 Ebd. (1999): S. 1.

dargestellt. Der Therapeut lässt sich mit dem Klienten in einen Dialog ein, um die Erfahrung der bildlichen Darstellung zu erhöhen. Jedes Musik-Programm (40 Minuten) umfasst eine Auswahl von westlicher klassischer Tradition. Ein Satz einer größeren Komposition kann neben einem Werk eines anderen Komponisten oder einer anderen Stilepoche programmiert werden. Jedes Programm entwickelt ein Anfangs-Stück, das die bildliche Darstellung stimuliert, einen mittleren Abschnitt, der das emotionelle Erlebnis vertieft und ein Finale, das den Klienten zu einem nicht-veränderten Bewusstseinszustand zurückführt.

Die Auswahl der Musik in jedem Programm steht in Abhängigkeit von dem Potenzial der zu induzierenden Bildern und vertiefenden Emotionen.[63]

3.3.3. „Song Writing“ – „Lieder Schreiben“

Diese Vorgehensweise bedeutet, Lieder mit Klienten zu schreiben und bezieht sich auf die Zusammensetzung des Liedes bei einer bestimmten Gruppe oder einem bestimmten Klienten. Das Lied kann die Bedürfnisse des Klienten in der psychologischen, sozialen, körperlichen, geistigen Situation zeigen.

Tony Wigram und Felicity Baker haben in dem Buch „Song Writing“ geschrieben, dass Lieder, in der Musiktherapie verwendet, Sicherheit, Unterstützung, Stimulierung oder Beruhigung bieten. Sie können auch helfen, wenn Klienten auf ihre Vergangenheit, Gegenwart oder Zukunft schauen, dabei den Kontakt mit unbewussten Prozessen herzustellen, sich mit ihren Schwierigkeiten innerhalb ihrer intrapersonalen Erfahrungen und zwischenmenschlichen Beziehungen zu konfrontieren und ihre Gefühle in Musik zu projizieren.

„Song Writing“ als eine Methode in der Musiktherapie könne zur Erleichterung der Entwicklung oder Sanierung von fachlichen Qualifikationen, auch körperlicher, kognitiver oder Kommunikations-Funktionen verwendet werden. Innerhalb der Gruppe unterstützen Lieder den Zusammenhalt dieser Gruppe und fördern die soziale Interaktion. Ferner kann diese Methode die Entwicklung der therapeutischen Beziehung zwischen Klient und Therapeut erleichtern. Wichtig ist, dass „Lieder schreiben“ für den Klienten Möglichkeiten bietet, Freude zu erleben.[64]

In der chinesischen Musiktherapie benutzt man oft die Methode „Song Writing“, um den Klienten zu trainieren. Die Therapeuten ermutigen den Klienten einige Wörter oder Tonsätze zu schreiben. Diese Wörter und Tonsätze werden in einem Lied kombiniert. Dadurch können Emotionen des Klienten hervorgerufen werden.

3.4. Instrumente

Die Instrumente, die oft in der modernen chinesischen Musiktherapie gebraucht werden, sind leider für den Patienten nicht einfach zu spielen, wie beispielweise

63 Grocke, D. E. (1999): S. 1.
64 Baker, F. / Wigram, T. (2005): S. 11–14.

das Saxophon und die Gitarre sowie die „Erhú (二胡)“ oder die „Yuèqín (月琴)“ (ich werde in Kapitel B.I.3. diese Instrumente vorstellen). Es fehlen aber die speziellen westlichen Instrumente für die Musiktherapie, z. B. „Monochord“, „Ocean-Drum“ usw.

Ich versuche auch die Frage zu beantworten, welche chinesischen Instrumente für die Musiktherapie gut geeignet sind und hoffe, durch die nächsten Abschnitte dieser Arbeit einen Beitrag zur Musiktherapie-Forschung zu leisten und spezielle Wege der chinesischen Musiktherapie zu entdecken.

4. Chinesische Musiktherapie-Forschung

Die Theorien der westlichen Musiktherapieformen haben China viele neue Ideen gebracht. Dadurch sind einige experimentelle Untersuchungen bzgl. der lokalen Adaption der Musiktherapie eingeleitet worden, die mit der chinesischen Medizin und dem chinesischen kulturellen Hintergrund zusammenhängen. Der Ursprung geht zurück auf eine Untersuchung der „Musik-Elektro-Therapie“, die 1979 im „Shāndōng Línyí (山东临沂 – Línyí, ein Ort in der Shāndōng Provinz)“-Pflegeheim durchgeführt wurde. Die Teilnehmer und Anwender dieser Untersuchung waren überwiegend Praktizierende der chinesischen Medizin und Rehabilitation. Es gab damals nur wenige, die Musiktherapie gelernt hatten.

4.2. „Musik-Elektro-Therapie“

Anfänglich wurde die „Musik- Elektro- Therapie“ 1979 im „Shāndōng Línyí (山东临沂)“-Pflegeheim eingesetzt. Es war eine Art von rezeptiver Musiktherapie, bei der es sich, aus theoretischer Sicht, um eine Kombination aus der Philosophie der chinesischen Medizin und verschiedenen wissenschaftlichen Methoden handelte. Ziel war die Anwendung der Meridian-Therapie und allgemeiner Elektrotherapie in Kombination. „Musik-Elektro-Therapie“ wurde hauptsächlich eingesetzt, um körperliche und psychische Erkrankungen, Zerebralparese sowie Krankheiten des neuromuskulären Systems zu heilen.

Vom wissenschaftlichen Standpunkt her geht man davon aus, dass physiologische Reaktionen durch die Frequenzen der Schallwelle und den Schalldruckpegel ausgelöst werden können. Die Tonfrequenzen, der Rhythmus und die regelmäßigen akustischen Schwingungen in der Musik sind eine Art von physikalischer Energie. Gemäßigte physische Energien können eine harmonische Resonanzschwingung der menschlichen Zellen auslösen. Das führt dazu, dass Resonanzschwingungen in der Schädelhöhle, Brusthöhle oder gewissem menschlichem Gewebe erzeugt werden. Diese durch Schallwellen ausgelösten Resonanzschwingungen können dann direkt die menschlichen Gehirnwellen, die Herzfrequenzen und den Atemrhythmus beeinflussen.

Abbildung 30: Elektrotherapiegerät

Wegen dieser Theorie hatten die Forscher damals Komponisten eingeladen und sie gebeten, verschiedene Musikstücke zusammenzuschneiden, um „Musikrezepte" zu erstellen.

Man erfand Elektrotherapiegeräte. Die Funktionsweise eines Elektrotherapiegerätes wird im Folgenden beschrieben:[65]

I. Die auf Rezept verschriebene Musik wirkt durch ein Headset direkt auf die Gehörorgane und die Hirnrinde.

II. Durch elektroakustische Wandlung werden Musiksignale in Stromspannungen und Stromsignale umgewandelt, die dem Rhythmus, der Geschwindigkeit und der Stärke der ursprünglichen Musiksignale entsprechen. Solche Signale werden als sogenannte „Musik-elektrische Signale" bezeichnet. Mithilfe von Elektrodenplatten wirkt die Musik elektrische Signale auf bestimmte Körperteile oder Akupunkturpunkte. Dadurch werden Nerven, Muskeln, Blutgefäße und Meridiane stimuliert, um die Wirkung der Elektrotherapie zu erzielen.

III. Die Musikimpulse lassen sich in mehrere Ein-Frequenz-Sinussignale zerlegen. Die Sinussignale bis 1000 Hz sind Niederfrequenz-Signale (NF). Sie können die Nerven und Muskeln anregen. Ein jeder solcher Impuls kann die myelinisierten Nerven und die quergestreifte Muskulatur anregen und sogenannte zyklische Synchronisationseffekte erzeugen. Die Sinussignale von höher als 1000 Hz sind Mittenfrequenz-Signale. Diese können die Kapillare tiefer Gewebeschichten erweitern, die Blutflussgeschwindigkeit beschleunigen, den Zustand des lokalen Blutkreislaufs verbessern und den Läsionen mehr Sauerstoffe und Nährstoffe anbieten.

Im Rahmen der klinischen Anwendung der Musiktherapie gegen Hemiplegie, die z. B. durch Hirnthrombose verursacht wird, kam man 1992 bzgl. der Auswirkungen der Musiktherapie zu der Schlussfolgerung:

Der Unterschied zwischen der Musik-Elektrotherapie und der allgemeinen Elektrotherapie liegt darin, dass bei der allgemeinen Elektrotherapie meistens regelmäßige, monotone, zyklisch sich wiederholende Pulswellen verwendet werden. Das führt dazu, dass die menschlichen Gewebe allmählich eine Toleranz gegenüber

65 Huáng, M. Y. (黄明延) / Zhāng, B. X. (张博遐) (1996): S. 81.

solchen Pulswellen bekommen und die Wirkungseffekte der Therapie dadurch abnehmen. Im Gegenteil ändern sich die Musikimpulse im Bruchteil von Sekunden. Für das menschliche Gewebe wirken Musikimpulse die ganze Zeit frisch und aufregend. So gewöhnt sich der Körper nicht an sie. Außerdem erzeugen die Musikimpulse kaum Wärme im menschlichen Körper.

4.2. MEA – Musikelektroakupunktur-Therapie

Aufbauend auf der Theorie der Musik- Elektro-Therapie setzt sich die Musikelektroakupunktur-Therapie aus einer Kombination von Akupunkturpunkten, Musik, elektronischen Impulsen und Massage zusammen. Musikelektro-Therapie wird durch Akupunktur ergänzt und kann im Bereich von Psychotherapie, Krankengymnastik, Akupunktur-Behandlung, Akupunktur-Anästhesie, pränatale Prävention und Gesundheitspflege praktisch eingesetzt werden, um die Wirkungseffekte der Musik- Elektro-Therapie zu stärken.

Im Rahmen der Musikelektroakupunktur-Therapie werden „Rezepte“ aus speziellen Musikaufnahmen verwendet, dazu noch der chinesische Fünf-Ton-Stil und die entsprechende Fünf Elemente-Theorie. Basierend auf dieser Theorie ist die Musiktherapie nach den fünf Elementen entstanden.

4.3. Fünf-Elemente-Musiktherapie[66]

Diese Theorie stammt aus dem Buch „Kanon des menschlichen Körpers bei Huángdì“. Es stellt die Beziehungen zwischen Pentatonik-Tönen und den Fünf Elementen vor, wie in folgender Tabelle gezeigt wird.

Pentatonik	Fünf Elemente	Eingeweide	Gemütszustand	Klangfarbe	Ruf	Wort
Jué 角 (E)	Holz	Leber	Zorn (Wut)	Ruf	„Xü/Chü“	„Ya“
Zhǐ 徵 (G)	Feuer	Herz	Freude	Lachen	„He/Ha“	„N“
Gōng 宫 (C)	Erde	Milz	Sehnsucht	Singen	Ausatmen	„Ong“
Shāng 商 (D)	Gold	Lunge	Trauer	Weinen	„Si“	„An“
Yǔ 羽 (A)	Wasser	Niere	Angst	Stöhnen	Pusten	„Ou“

Tabelle 6: Fünf Elemente und Pentatonik

Diese Theorie besagt, dass man sich mit dieser Methode selbst heilen kann, durch Zuhören oder Singen/Rufen mit bestimmten Tönen/Wörtern. Sie kann bestimmte Schwingungen auf den menschlichen Körper übertragen, nährt den aktuellen geistigen Prozess oder löst einen seelischen Ausgleich aus.

In China gibt es über diese Theorie viele Forschungen und theoretische Beschreibungen, aber diese sind leider sehr unterschiedlich. Ich habe bis heute noch keine starke Evidenz gefunden, welche Beschreibung davon diese Theorie wirksam

66 Zhōu, X. S. (周学胜) (2004): S. 32; Lǐ, P. M. (李璞珉)/ Ráo, J. Z. (饶尤宗)/ Shí, L. J. (石立军), (1996): S. 77.

und auch sinnvoll erklären und darstellen kann. Aber dieser Gedanke hat viele Vermutungen hervorgerufen. Es benötigt allerdings noch viele quantitative und qualitative Forschungen, um darüber vertiefter zu berichten.

4.4. *Akupunktur-Farbe-Musik-Therapie (音乐色光针灸治疗)*[67]

Man versuchte auf der Grundlage der Fünf-Elemente-Theorie viele Kombinationsbehandlungen. Ich stelle sie hier als eine Forschungsform vor, als „Akupunktur-Farbe-Musik-Therapie".

Ich zeige zunächst eine Zusammenfassung der Kohärenz zwischen den Fünf Elementen, Farbe und Musik in der folgenden Tabelle:

Pentatonik	Fünf Elemente	Eingeweide	Farbe	Klangfarbe	Ruf	Wort
Jué 角 (E)	Holz	Leber	Grün/Blau	Ruf	„Xü/Chü"	„Ya"
Zhǐ 徵 (G)	Feuer	Herz	Rot	Lachen	„He/Ha"	„N"
Gōng 宫 (C)	Erde	Milz	Gelb	Singen	Ausatmen	„Ong"
Shāng 商 (D)	Gold	Lunge	Weiss	Weinen	„Si"	„An"
Yǔ 羽 (A)	Wasser	Niere	Schwarz	Stöhnen	Pusten	„Ou"

Tabelle 7: Fünf Elemente – Farbe – Musik

In dieser Therapieform probierte der Arzt, den Patienten in einem Raum zu lassen, der durch farbige Lampen bestrahlt wird. Die Patienten hörten verordnete Musik an und wurden nebenbei vom Arzt akupunktiert.

Diese Behandlung basiert auf den folgenden Theorien:

- Wellen
  Schallwellen der Musik sind Longitudinalwellen, auch Längswellen genannt, also physikalische Wellen, die in Ausbreitungsrichtung schwingen. Die Wellen der Farben/des Lichts sind elektromagnetische Wellen.

- „Yīn" und „Yáng"
  Die Farben, die zu „Yīn" gehören, sind: grün, blau, weiß, lila, schwarz usw.
  Die Farben, die zu „Yáng" gehören, sind: rot, gelb, orange usw.
  Moll gehört zu „Yīn" und Dur gehört zu „Yáng".

- Diese Kombinationsbehandlung bietet die Möglichkeit, dass die äußeren Reize mit dem inneren Prozess verbunden werden können, um seelisches, geistiges und körperliches Ungleichgewicht zu korrigieren oder neu zu finden.

67 Zhōu, X. S. (周学胜), (2004): S. 32; Lǐ, P. M. (李璞珉)/ Ráo, J. Z. (饶尤宗)/ Shí, L. J. (石立军), (1996): S.77; Wú, S. (吴慎): http://joltv.us/AAAA/WEN%20DA/WEN%20DA%203.htm.

V. Zusammenfassung

Durch die Beschäftigung mit der Philosophie der Traditionellen Chinesischen Medizin kann festgestellt werden, dass die Behandlungsmethoden der chinesischen Medizin im Vergleich mit der westlichen Medizin charakteristische Merkmale wie Abstraktion, Deduktion, dialektisches Verständnis und Analyse sowie individuelle Behandlungen anhand der einzelnen Krankheitserscheinungen der Patienten vorzuweisen haben. In vielerlei Hinsicht stimmen die Behandlung und die Krankheitsanalyse durch Musik mit der Behandlung der chinesischen Medizin überein.

Wegen ihrer Behandlungsmethodik wird die Pharmakologie der chinesischen Medizin als Naturheilkunde bezeichnet. Dabei handelt es sich um einen langsamen, tiefgehenden, ständig sich anpassenden Prozess, welcher mit der Entdeckung der Krankheit Schritt halten muss. Das hat mich auch im Hinblick auf die Musiktherapie sehr inspiriert. Das Prinzip von „Ying und Yang", den „Fünf Elementen" und „Zwölf Meridianen" der chinesischen Medizin hat einen Menschen – so möchte ich hier sagen – fast wie „ein Instrument" betrachtet. Die Philosophie einer solchen Behandlung ist eben, „dieses Instrument" ständig zu stimmen und zu harmonisieren.

Obwohl bis heute viele solche Gedanken mangels Forschung noch nicht bewiesen werden konnten, werden sie in der Praxis und im Experiment als Kombination der Theorie der chinesischen Medizin und der Musiktherapie in China ununterbrochen fortgesetzt. Mehr dazu wird im nächsten Kapitel beschrieben.

B. Praxis: Vergleich der musiktherapeutischen Behandlung in China und in Deutschland mit praktischen Beispielen

I. Vergleich der psychiatrischen Institutionen in China und in Deutschland

1. Beschreibung der Psychiatrie

Abbildung 31: Chinesische Psychiatrie im Dezember 2012, Peking

Ich stelle die „Huí Lóng Guàn (回龙观)"-Psychiatrie in Peking vor. Diese Psychiatrie wurde 1986 gegründet. Sie ist ein Lehrkrankenhaus der Pekinger Universität und des Instituts für Psychologie (chinesische Akademie der Wissenschaften). Es besteht eine freundschaftliche Beziehung zum „Perray-Vaucluse-Hôpital" in Frankreich.

Die „Huí Lóng Guàn"-Psychiatrie umfasst eine Fläche von 147.543 Quadratmetern, 1.369 Betten und mehr als 1.200 Mitarbeiter. Hier werden langfristig stationäre wie auch akutkranke Patienten aus dem ganzen Land betreut, besonders affektive Störungen, psychosomatische Erkrankungen, Alkoholabhängigkeit, Gerontopsychiatrie usw. Es werden auch zahlreiche wissenschaftliche Forschungen durchgeführt. Integrative Behandlung und Psychotherapie wird für psychisch erkrankte sowie für geistige behinderte Menschen in der Rehabilitation angewandt. Den Patienten werden folgende Behandlungsprozesse angeboten: ambulante psychologische Beratung, stationäre Behandlung, psychologische Betreuung und psychosoziale Rehabilitation.

Die Musiktherapie gehört zum Bereich der Kunst- und Verhaltenstherapie. Außerdem gibt es dort noch andere Therapieformen, zum Beispiel das Psychodrama, computergesteuerte kognitive Förderungstherapie, eine spezielle Form der Mal- und Kalligraphie-Therapie usw. Dieses Krankenhaus ist verpflichtet zur psychosozialen Krisenrettung. Diese hat z. B. eine wichtige Rolle nach dem „WènChuān (汶川)"-Erdbeben gespielt.

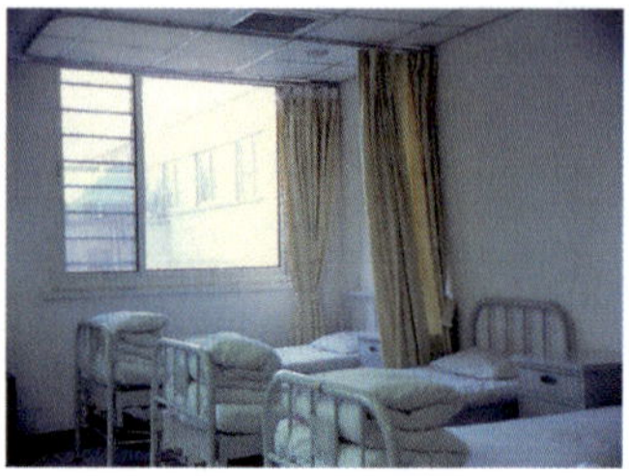

Abbildung 32

Ich stelle den Unterschied zwischen der chinesischen und der deutschen Psychiatrie anhand einer Statistik dar, wie die folgende Tabelle zeigt:

	Kbo-Isar-Amper-Klinikum Haar	**Huí Lóng Guàn Psychiatrie – Peking**
Gegründet	1905–1912	1986
Bettenanzahl	1.200	1.369
Mitarbeiter	2.200	1.200
Stationen	90	23
Kooperation	Ludwig-Maximilians-Universität München	Peking-Universität
Fläche	95 Hektar	147.543 Quadratmeter
Fachbereiche	z. B.: Depression, Angst, Zwang, Akute Belastungsstörung, Traumafolge, Somatoforme Schmerzstörung, Persönlichkeitsstörung, subakute Manie bei bipolarer Störung, Suchterkrankungen, psychiatrischen Alterserkrankunge	z. B.: Depressionen, psychosomatische Störungen, Alkoholabhängigkeit, Alterserkrankungen, Persönlichkeitsstörungen, Psychosen, Neurosen, geistige Behinderung.

Tabelle 7: Unterschied zwischen der chinesischen und der deutschen Psychiatrie

Anhand dieser Tabelle kann man erkennen, dass die chinesische Psychiatrie relativ spät gegründet wurde. Im Vergleich zu dem tatsächlichen Bedarf besteht noch ein Mangel an Technik und Fachkräften. Durch die Zeit meines Praktikums in dieser Psychiatrie kann ich verschiedene Sektoren in den folgenden Abschnitten detailliert vorstellen.

2. Der Musiktherapieraum

1987 hat die „Huí Lóng Guàn"-Psychiatrie mit der Musiktherapie angefangen. Der Musiktherapieraum ist in dem Gebäude, in dem das Rehabilitationszentrum untergebracht ist. Es gibt zwei Stockwerke. Das Erdgeschoss ist für die relativ stabilisierten chronischen Patienten, der erste Stock ist für die Akutkranken. Der Musiktherapieraum befindet sich im Erdgeschoss.

Abbildung 33: Musiktherapie Raum

Dort gibt es noch andere Therapieräume für Tanztherapie, Sport und Bewegung, Keramik, Psychodrama, für kognitive Förderung, zum Malen und für die Kalligraphie sowie einen Raum für die computergestützte kognitive Förderung.

Der Musiktherapieraum ist im Rehabilitationszentrum untergebracht, das auch Kunst- und Verhaltenstherapiezentrum genannt wird. Dieses Zentrum zielt auf die Therapie der sozialen Funktionen ab. Hier sollen die Symptome bei psychischen Erkrankungen und die kognitiven und sozialen Funktionen behandelt werden. Letztlich geht es um die Verbesserung der Lebensqualität der Patienten und die Rückkehr und Eingliederung in die Gesellschaft.

3. Instrumente

Wie ich in meinem Praktikum an der „Huí Lóng Guàn"-Psychiatrie gesehen habe, sind die häufigen gebrauchten Instrumente die Folgenden:

- Schlaginstrumente:
  Holzfisch (Tempelblocks), Triangel, Becken, Wooden Agogo, Maracas (Rumbakugeln), Kastagnetten, Kartal, kleine Glocke, Kuài Băn (快板 – eine Art Schlaginstrument), Tamburin, Bongos, Xylophon und Vibraphon, chinesische Trommeln und eine Djembe (afrikanische Trommel).

  Diese Djembe ist von der Musiktherapeutin selbst gekauft, sodass sie nur von der Therapeutin ab und zu selbst in der Musiktherapiestunde gespielt wird.

Abbildung 34

Xylophone und Vibraphone sind baufällig, das Timbre und die Töne stimmen nicht. Die Instrumente werden nur in der Ecke platziert und selten genutzt in der Therapiestunde.

- Saiteninstrumente:
  Gitarre, Geige, Cello, „Erhú (二胡 – zweisaitige Kniegeige)“, „Yuèqín (月琴 – eine Art Gitarre)“, die sind leider meistens defekt. Die Instrumente werden kaum gepflegt und benutzt.

Abbildung 35: Links nach rechts: „Yuèqín“, Geige, Gitarre, „Erhú“

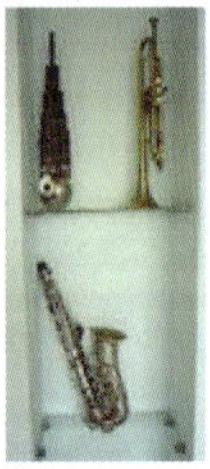

Abbildung 36

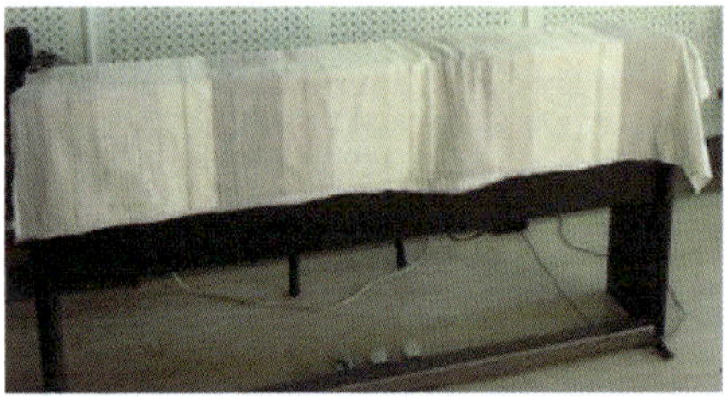

Abbildung 37

- Blasinstrumente:
  „Shēng (笙 – eine Art Panflöte mit Horn-Ansatz)“, Trompete, Saxophon.
- Andere Instrumente: Klavier.
  Das am meisten gebrauchte Instrument ist ein elektronisches Klavier, das auch von der Musiktherapeutin privat gekauft wurde.

4. Geräte

Im Musiktherapieraum gibt es Audiogeräte, außerdem als ein wichtiges Gerät einen großen Fernsehapparat für das „Karaoke"- Singen (siehe die später folgende Vorstellung).

II. Vergleich des Gruppen-Musiktherapie-Settings in China und in Deutschland

1. Musiktherapie-Gruppen im „Huí Lóng Guàn"-Klinikum in China

1.1. Patienten

Die Teilnehmer der Musiktherapie in dieser Psychiatrie sind meistens die Schizophrenie-Patienten, sehr selten auch Neurose-Patienten und Borderline-Patienten.

Der Schizophrenie-Patient bekommt viele Medikamente wie Clozapin, Chlorpromazine Hydrochlorid und Glucuronolacton usw. Die Medikamente haben unerwünschte Nebenwirkungen in den extrapyramidal-motorischen, vegetativen, somatischen und psychischen Bereichen.[68] Die Patienten sind apathisch, meistens müde, bewegen sich langsam. Es fehlt ihnen Kreativität und Erinnerungsvermögen.

Da die Nebenwirkungen der frühen Neuroleptika relativ stark sind, verlieren viele Patienten die Möglichkeit, in die Gesellschaft zurückzukehren. Aufgrund dieser Benachteiligung von psychisch kranken Menschen verlieren in China meistens die ehemaligen stationären Patienten die Fähigkeit, zur Arbeit und in den sozialen Alltag zurückzukehren. Als ich der Gruppe in der „Huí Lóng Guàn"-Psychiatrie, wo ich mein Praktikum gemacht hatte, begegnete, waren die meisten Patienten schon über 10 Jahre im Krankenhaus, der längste schon seit über 35 Jahren. Mit der weiteren Entwicklung von Forschung auf dem Gebiet der psychischen Erkrankungen, wird die Möglichkeit, dass die Patienten in die Gesellschaft zurückkehren, wesentlich erhöht werden.

1.2. Musiktherapeutinnen und Musiktherapeuten

In der Pekinger „Huí Lóng Guàn"-Psychiatrie gibt es insgesamt drei musiktherapeutisch Tätige, von denen ich eine besser kennengelernt habe. Sie ist 27 Jahre alt, hat zunächst Medizin studiert und sich dann weiter ausgebildet im Masterstudiengang Musiktherapie am China-Konservatorium.

Es gibt noch eine musiktherapeutisch Tätige, aber sie ist nicht in Musiktherapie ausgebildet, sondern Aushilfe und Vertretung der anderen Musiktherapeutin, wenn diese krank oder im Urlaub ist.

---

68 Brunnhuber S. / Lieb, K. (2000): S. 121.

Der dritten Musiktherapeutin bin ich während meines zweiwöchigen Praktikums nicht begegnet. Vielleicht arbeitet sie nur auf den Stationen oder bei akuten Patienten. Diese Stelle wird jedes halbe Jahr mit einem der 22 anderen Fachtherapeuten getauscht.

Im Musiktherapieraum gibt es auch oft Praktikanten aus den unterschiedlichsten Krankenhäusern im ganzen Land, weil das „Huí Lóng Guàn“ ein psychotherapeutisches Lehrkrankenhaus ist. Jeder Praktikant muss eine Gebühr in Höhe von 500 „Yuán“ pro Monat (ca. 70 €) bezahlen.

Die Musiktherapeutin wird in der Therapiestunde als „Lehrerin“ angesprochen. Die Patienten folgen immer dem, was die Musiktherapeutin gesagt hat. Dies ist ein großer Unterschied zur selbsterfahrungsorientierten westlichen Musiktherapie.

1.3. Einrichtung

Diese Psychiatrie hat 23 Stationen, alle Patienten werden in 24 Gruppen aufgeteilt. Immer zwei Gruppen dürfen einen Monat pro Jahr an der Musiktherapie teilnehmen. Es gibt von Montag bis Freitag jeden Tag zweimal Musiktherapie. Eine Gruppe findet am Vormittag und eine andere Gruppe am Nachmittag statt und dauert jedes Mal ca. eineinhalb Stunden.

Der häufige Personenwechsel in der Musiktherapiegruppe unterbricht – aus medizinisch-psychologischer Sicht – die notwendige Kontinuität der therapeutischen Behandlung und kann so den gewünschten therapeutischen Effekt nur schwer erzielen.

Zeiten für die Musiktherapie sind am Vormittag von 9:00 bis 10:30, am Nachmittag von 14:00 bis 15:30. Die Patienten dürfen sich in der ersten halben Stunde im Raum frei bewegen.

Sie werden von den Krankenpflegern zum Musiktherapieraum begleitet und normalerweise auch nach den Therapiestunden abgeholt, es sei denn, es geht ihnen so schlecht, dass sie nicht kommen können. Die Patienten dürfen nicht alleine zur Therapie gehen.

Das Musiktherapiesetting in dieser Psychiatrie besteht nur aus Gruppen. Diese bietet eine Musiktherapeutin an. Ab und zu sind auch Praktikanten in den Gruppen zu Gast.

1.4. Dokumentation (bzw. Auswertung von Protokollen)

1.4.1. Aufwärmen mit „Karaoke-Singen“

In der ersten halben Stunde können die Patienten „Karaoke“ freiwillig singen. Es ist eine bei den Patienten beliebte Vorgehensweise. Viele kommen sogar aus den anderen Therapieräumen, weil sie auch gern in der Pause im Musiktherapieraum „Karaoke“ singen möchten. Die „Karaoke“ kann als eine besondere Methode der chinesischen Musiktherapie gesehen werden. Es gibt dazu auch ein passendes Lie-

Abbildung 38: Karaoke Raum in „Huí Lóng Guàn" Psychiatrie

derbuch. Es umfasst mehr als dreihundert Lieder als wählbares Material, inklusive chinesischer Pop Songs, traditioneller chinesischer Lieder und auch ausländischer Lieder. Der Patient singt allein mit dem Mikrofon vor der Gruppe, selten auch zu zweit. Es gibt kein Gruppensingen.

Singen in der Musiktherapie spielt so eine wichtige Rolle, dadurch „können die Patienten sich als Praktizierende in eine positive Befindlichkeit schwingen."[69]

„Singen und Tönen sind eine sehr direkte Form des Ausdrucks. Über Singen und Tönen kann der Mensch sich in seinem Innersten erleben, kann den direkten Kontakt zu seinem Wesenskern finden. Er kann sich hörbar und dadurch sichtbar machen. In dieser Präsenz, in dieser Wahrheit ist der Mensch sowohl kraftvoll als auch verletzbar."[70]

„Die Neurobiologie bestätigte die sozialwissenschaftlichen Erkenntnisse und zeigte, welche Hirnprozesse durch Singen entstehen. Nachweislich wirkt Singen umfänglicher und nachhaltiger als jedes pharmazeutische Antidepressivum. Denn es hat keine Nebenwirkungen und kurbelt zugleich im Gehirn die Produktion der Glückshormone an. Es verstärkt darüber hinaus die Produktion von Oxytocin, das für die Fähigkeit zu Mitgefühl zuständig ist. Mitgefühl kann als ein wesentlicher Kern psychischer Gesundheit betrachtet werden, denn es macht uns gemeinschaftsfähig und stärkt die Selbstliebe."[71] Auch wenn diese Formulierung etwas „kühn" erscheint, zeigen viele Studien, dass Singen eine antidepressive Wirkung hat und sich positiv auf die psychische Gesundheit auswirkt, dazu nebenwirkungsfrei!

Eigentlich muss Singen in der Musiktherapie nicht „schön" sein, sondern es hat den Zweck, „das Potenzial der menschlichen Stimme freizulegen, den eigenen Körper als Instrument zu erleben, sich Durchlässigkeit, Flexibilität und Bewusstheit in der Bewegung und im Klang zu erwerben. Patienten sollen einen Zugang zur Lebensressource Singen als Hilfe zur Selbsthilfe eröffnen."[72]

69 Adamek, K. (2012): S. 12.
70 Wijnen, C. (2012): S. 20.
71 Adamek, K. (2012): S. 12.
72 McMurtrie, I. (2012): S. 15–16.

Meistens nehmen schizophrene Patienten an der Musiktherapie teil, die durch Medikamente an parkinsonähnlichen Nebenwirkungen leiden. Karaoke-Singen kann bei diesen Patienten die Kognition, die Wahrnehmung und die Erinnerungsfähigkeit begünstigen.

1.4.2. Vorstellen des Therapieablaufs in Fallbeispielen

Fallbeispiel 1:

In dieser hier vorgestellten Gruppe gab es sieben Patienten. Sechs Teilnehmer waren Schizophrenie-Patienten, ein Patient litt an einer Neurose.

Es gab keine Gesprächsrunden, in denen die aktuellen Befindlichkeiten der Patienten abgefragt wurden, sondern die Therapeutin betrachtete das diagnostische Archiv vor der ersten Gruppenstunde. Die Inhalte des Archivs wurden durch wöchentliche Arzt-Versammlungen aktualisiert.

Die Musiktherapeutin ließ die Patienten zunächst um das elektronische Klavier in einem Halbkreis sitzen, verteilte an alle ein leeres Blatt Papier und einen Stift. Die Patienten sollten ihre liebste Musikrichtung oder Lieder auf das Papier schreiben.

Anschließend begann die Therapeutin, einen Musikausschnitt auf dem elektronischen Klavier zu spielen. Danach sollten die Patienten diesen nach ihrem persönlichen Gefühl beurteilen und eine Note von Null bis Zehn geben. Die Note Null bedeutet: gefällt nicht, die Zehn ist der Favorit. Und dazu sollten die Patienten auch den Grund der gegebenen Note aufschreiben.

- Der erste Musikausschnitt war ruhig und langsam.
- Der zweite Musikausschnitt war fließend und legato.
- Der dritte Musikausschnitt war traurig und erinnerte an die Vergangenheit.
- Der vierte Musikausschnitt hatte einen dunklen und gefährlichen Stil.
- Der fünfte Musikausschnitt war lustig und im Cartoon-Stil.

Aufgrund der Antworten sollte die kognitive Situation der Patienten beurteilt werden. Durch den Vergleich dessen, was die Patienten anfangs auf das Papier geschrieben hatten, und der Reaktion des Gefühls auf die Musik, sollte der Unterschied zwischen der Wahrnehmung der Patienten und der Realität gefunden werden.

Dieses Spiel soll den Kontakt der Patienten mit der Realität verstärken, die emotionale Differenzierung und die Kognition stimulieren. Durch den Prozess der Analyse der Musik soll die Erinnerung verbessert werden.

Die Antworten der Patienten waren unterschiedlich. Ein Patient hatte an der Musik des dunklen und gefährlichen Stils Freude gehabt und diese sogar als fröhlich interpretiert. Solche offensichtlichen Fehleinschätzungen können Hinweise auf eine gestörte Realitätswahrnehung des Patienten geben. Aber weil jede Gruppe nur einen Monat an der Musiktherapie teilnehmen darf, können dabei auftauchende Probleme nicht ausreichend behandelt werden.

1.4.3. Fallbeispiel 2:

Diese Gruppe bestand aus sechs Schizophrenie-Patienten. Die Therapeutin wollte „Songwriting" mit den Patienten machen.

Sie ließ die Patienten zunächst Instrumente auswählen. Drei Personen hatten Maracas gewählt, die anderen eine Triangel, eine kleine Glocke und eine „Kuài Băn (eine Art Schlaginstrument)". Die Musiktherapeutin spielte einen einfachen Rhythmus vor, damit die Patienten ihn nachspielen. Dann sollte ein Patient einen Rhythmus spielen, andere Patienten sollten diesen übernehmen. Dieses Spiel wurde auch später zu zweit gespielt, um den beliebtesten Rhythmus zu finden.

Nachfolgend fragte die Therapeutin die Patienten, ob sie nicht eine Melodie singen möchten oder ob die Patienten etwas sagen wollten.

Nach einer stillen Zeit wählte die Therapeutin einen Patienten aus. Er erzählte Folgendes: „Ich werde morgen aus dem Krankenhaus entlassen, dann werde ich etwas Essen für mich selber kochen zur Arbeit gehen." Der Text des anderen Patienten war: „Wir essen heute Nudeln, wir sind glücklich, wir sind glücklich." Weil die anderen Patienten nichts gesagt hatten, fing die Musiktherapeutin an, auf dem elektronischen Klavier Musik zu spielen. Die zwei Patienten sollten Stopp sagen, wenn ihnen ein Musikteil gefiel. Später wurde der Rhythmus ausgewählt. Text und der Musikteil wurden von der Musiktherapeutin zusammengestellt. Er wurde auch Liederstoff (Material) genannt. Die Musiktherapeutin erklärte, dass es lange Zeit brauche, um das passende Material zu sammeln, bis das Lied fertig ist.

Songwriting reflektiert die innerste Seele der Patienten, dadurch können die Patienten sich auch mehr konzentrieren. Wegen ihrer selbstkomponierten Lieder können sie mehr Selbstvertrauen aufbauen.

Die Texte der Patienten litten zwar an einem ausgeprägten Mangel an Phrasierung, aber hinterließen bei mir einen tiefen Eindruck. Ich habe die Sehnsucht der Patienten gefühlt, wieder in die Gemeinschaft zurück zu gehen. Im Rahmen des Krankenhaus-Systems sind die Patienten sehr vorsichtig damit, die eigenen Emotionen auszudrücken. Denn bei einer rezidivierenden Krankheit würde der Arzt mehr Medikamente verschreiben und einnehmen lassen oder die MECT[73] machen lassen.

1.4.4. Fallbeispiel 3:

Die im Folgenden beschriebene Gruppe bestand aus zehn Patienten. Bei acht Personen war Schizophrenie diagnostiziert, bei zwei von ihnen eine Neurose.

In einer Musiktherapiestunde hatte die Therapeutin ein Spiel „Papagei sprechen" geplant. Die Patienten sollten einander nachmachen. Bei diesem Spiel kann die Schwierigkeit langsam gesteigert werden: Die Musiktherapeutin singt eine einfache Melodie und bewegt sich gleichzeitig mit einer eigenen Form. Sie geht zu einem Patienten hin, lässt ihn ihre Melodie und die Bewegung nachmachen. Die

73 MECT – Modifizierte Elektronische Krampf Therapie.

Therapeutin tauscht mit dem Patient während dieses Ablaufs die Position aus, sodass sich die Therapeutin auf den Platz des Patienten setzt. Der Patient soll die Melodie und die Bewegung ändern, weiter zu einer anderen Person gehen, um den Prozess zu wiederholen.

Dieses Spiel ist eine Kombination aus Klang und Bewegung. Es kann die Kreativität des Patienten anregen, das Imitieren, die Reaktionsfähigkeit und das Gedächtnis üben.

Jedoch habe ich beobachtet, dass obwohl die Patienten während des Spiels glücklich waren, es ihnen an Kreativität mangelte, denn die Melodie und die Bewegung wurden oft wiederholt.

1.4.5. Gruppenmusiktherapie mit Improvisation

Ich habe im vorherigen Beispiel vorgestellt, dass die Behandlungsmethoden in der „Huí Lóng Guàn"-Psychiatrie üblicherweise kognitive und verhaltensorientierte Musiktherapie ist. Ich hatte während des Praktikums die Gelegenheit, mit den Patienten aktive Musiktherapie zu probieren. Ich habe zwei Fallbeispiele davon ausgewählt:

1.4.5.1. Fallbeispiel 1:

Diese Gruppe bestand aus sechs Schizophrenie-Patienten.

Am Anfang lud ich die Patienten ein, im Kreis zu sitzen. Ich stellte eine Trommel in die Mitte des Raums und begann laut zu spielen. Die Patienten hatten die „Stimme" der Trommel bemerkt und starrten mich an. Ich stoppte und fragte, was sie gehört hätten. Einige davon antworteten: Es war zu laut. Es wurde auch gesagt, dass es sehr mächtig war, oder dass sie davon sehr ermutigt wurden. Ich spielte weiter, aber sehr leise. Sie antworten, dass es leise und ruhig war. Als ich wieder die Trommel spielte, spielte ich von leise bis laut und sehr abwechslungsreich. Diesmal erschienen die Antworten der Patienten signifikant unterschiedlich. Manche Patienten fühlten sich sehr chaotisch, manche fanden es sehr aktiv und hitzig. Einige Patienten haben nicht gesprochen.

Danach versuchte ich, den Patienten einige grundlegende Rhythmen und Anschlagmethoden auf der Trommel zu zeigen. Ich stellte unterschiedliche Trommeln vor, ließ sie die Trommeln auswählen, die ihnen gefielen und ermutigte sie, sie selbst auszuprobieren und darauf zu spielen. Sie spielten einer nach dem anderen, sehr vorsichtig und leise, mit einem einfachen Rhythmus und die Handbewegungen waren auch sehr klein. Ich hatte den Patienten gezeigt, in der Mitte der Trommel zu spielen, wodurch der Sound tief und laut wird. Am Trommelrand wird der Klang relativ höher und leiser. Die Patienten konzentrierten sich sehr darauf, aber sie vermieden immer den lauten Klang.

Dann habe ich die Patienten zu zweit eingeteilt, damit sie miteinander musizieren sollten. Ich spürte, dass die Patienten meistens mehr auf ihren eigenen Rhythmus achteten, keine Resonanz für die andere Person zeigten und sich auch nicht auf einander abstimmten. So gab es oft fragmentiertes Spiel, und es war schwierig, diese Übung fortzusetzen.

Ich versuchte, mit einem Patienten zusammen auf der Trommel zu spielen. Er spielte sehr ruhig und rhythmisch. Seine Augen waren auf die Trommel fixiert und sehr aufmerksam. Ich folgte seinem Rhythmus und versuchte dann den Rhythmus ein bisschen schneller oder langsamer zu spielen. Weil er immer noch nicht auf mich achtete, fing ich an lauter und schneller zu spielen. Jetzt konnte er den Unterschied hören, er sah mich an und spielte auch schneller als vorher. Ich hatte empfunden, dass er sehr mutig war und mir mit lautem Trommeln eine Antwort gab. Sogar sein Mund zeigte ein Lächeln.

Psychologisch kann man es so formulieren: Der Patient initiierte wenig Interaktion, konnte kaum abschließen oder die Klänge nachwirken lassen.

In dem Gruppengespräch hatte ich bei diesem Patienten das Gefühl, dass er während des Zusammenspiels Fragen hatte. Er hatte gesagt, der Anfang war gut, aber später war es zu laut. Er bemühte sich aber weiter zu spielen, obwohl er es als störend empfunden hatte.

1.4.5.2. Fallbeispiel 2:

(Die gleiche Gruppe wie oben)

Vor dem Beginn hatte ich mehrere Instrumente ausgewählt und auf die Bank in die Mitte des Raums gestellt. Es gab eine Djembe, eine Triangel, ein Metallophon, ein Vibraphon, eine kleine Glocke und eine Bongo-Trommel. Die Patienten saßen wieder in einem Kreis. Ich hatte gefragt, welche Instrumente Gruppen bilden und zusammen gespielt werden könnten. Man wurde sich schnell einig, dass die Djembe mit der Bongo-Trommel, das Metallophon mit dem Vibraphon und die kleine Glocke mit dem Triangel jeweils eine Gruppe sein könnten. Die Patienten wurden dann auch in drei Gruppen aufgeteilt, um diese Instrumentengruppen zu spielen. Sie spielten immer noch vorsichtig und leise. Aber ich konnte hören, dass sie mehr Selbstvertrauen hatten als beim letzten Mal, und es war deutlich, dass sie gern die neuen Instrumente ausprobieren wollten. Nach dieser Runde lud ich alle ein, im Ensemble zusammen zu spielen. Die Folge war, dass es ziemlich verworren klang, denn die Patienten konnten sich nicht koordinieren. Wegen dieses Problems habe ich im anschließenden Gespräch den Patienten gefragt, der mit mir beim letzten Mal zusammen musiziert hatte. Er hatte über das gemeinsame Spiel gesprochen und darüber, dass er die Partnerbegleitung schon erkannt hatte, aber nicht wusste, wie er reagieren sollte. So war in seinem Spiel auch keine entsprechende Änderung eingetreten. Daher vermutete ich, dass die Improvisation nicht ganz authentisch war, weil die Patienten sich nicht trauten, ihrem Gefühl entsprechend spontan zu reagieren. Oder er hat diese nicht wahrgenommen.

Eine andere Patientin hatte gesagt, beim Zusammenspiel fühle sie sich von den anderen Instrumenten in ihrem Spiel gestört. (Die Patientin hatte ihre Umgebung beobachtet und bemerkt, dass sie ihre eigenen Gefühle hatte und sie auch zum Ausdruck gebracht hat.) An dem Punkt lud ich die Patienten ein, über den Eindruck jedes einzelnen Musikinstruments zu sprechen. Witzigerweise gaben die Patienten dem Klang die Namen von Lebensmitteln, um einen symbolischen Ausdruck zu finden. Sie sagten, dass das Zusammenspiel wie ein Feuertopf ist, dass die Triangel der „Sì Chuān"-Pfeffer, die kleine Glocke das trockene Chili, das Metallophon der Senf, die Trommel der Topf und Suppe sind und das Vibraphon das Gemüse ist. Mit einer fröhlichen Atmosphäre wurde diese Musiktherapiestunde beendet.

Durch diese zweimalige Gruppenmusikimprovisation waren die Patienten aktiver und sie hatten mehr Selbstvertrauen und Interesse am Instrumentenspiel. Sie hatten auch mehr Verständnis für den Begriff des „Aufeinander-Abgestimmt-Seins". Die Aufmerksamkeit für die anderen Teilnehmer wurde trainiert. Sie konnten eigene Gefühle empfinden und ausdrücken. Sie hatten Assoziationen und konnten mit der Realität näher in Kontakt kommen. Deutlich wurde ihre Sehnsucht nach einer häuslichen Atmosphäre (Kochen) und ich spürte diese Sehnsucht in meiner Gegenübertragung.

In dem folgenden Abschnitt werde ich Musiktherapiegruppen in Deutschland als Fallbeispiele darstellen.

2. Musiktherapie-Gruppe im Isar-Amper-Klinikum Haar Deutschland

Diese Gruppe besteht aus sieben Patienten mit der Diagnose „Rezidivierende Depression".

2.1. Protokoll über die Gruppen-Musiktherapie

Am Anfang habe ich jeden Patienten begrüßt. Ich lud dann alle ein, ein Instrument auszuwählen und sich damit klanglich vorzustellen. Die ausgewählten Instrumente waren drei Trommeln, eine Gitarre, ein Xylophon und ein Monochord. Sie stellten sich einer nach dem anderen mit sehr einfachem Rhythmus oder einer Melodie vor. Nur eine Frau hatte kein Instrument ausgewählt, stattdessen hat sie ein Lied „nach Yoga-Art" (langsamer Rhythmus und wenig Texte) gesungen. Ich lud später die Patienten ein, eine gemeinsame Improvisation zu spielen. Die Musik war harmonisch und leise, mit relativ langsamem Rhythmus. Bei dem Zusammenspiel hatte ich wahrgenommen, dass die Musik ziemlich langsam war und sich wenig veränderte; sie wirkte auf mich eher langweilig. Die Patienten haben sehr auf sich selbst geachtet. Das Monochord und die Gitarre passten nicht zu dem Zusammenspiel. Musiktherapeutisches Ziel hätte sein können, eine Balance herzustellen oder dies zu thematisieren. Besser hatte den Patienten die rhythmische Musik gefallen, denn hier fühlten sie sich sicher.

Im Gespräch meinten die Patienten, die auch unter psychotischen Symptomen litten, dass ihnen die Trommeln am meisten gefielen, weil sie die „Nervensäge"

(Stimmenhören, Halluzinationen) kurz vergessen konnten. Die Frau, die kein Instrument ausgewählt hatte, hatte aber, zum ersten Mal, mit allen gesungen.

In der nächsten Stunde haben wir wieder zusammen gespielt. Die Improvisationsmusik zeigte keinen großen Unterschied zum letzten Mal. Danach bot ich den Patienten an, eine chinesische Musik anzuhören. Ich schlug vor, zuerst einen bequemen Platz zu finden und dort eine angenehme Position einzunehmen. Nach dem Anhören bekam ich folgendes Feedback von den Patienten: Sie mochten die fremde Musik nicht, weil sie sie nicht kannten und fühlten sich außerdem unsicher, weil die Musik Raum für viel Fantasie gibt, wodurch man auch unangenehme Assoziationen hervorrufen kann.

Interessant ist, dass im letzten (darauffolgenden) Zusammenspiel viele asiatische Musikstile in die Improvisationsmusik eingeflossen sind.

Daraus schließe ich, dass die Patienten viel Unterstützung benötigen, wenn sich etwas verändert. Fremde Klänge sollten vorsichtig eingeführt werden. Die depressiven Patienten brauchen eine gesteuerte Situation und ein bekanntes Gefühl, um sich wohlzufühlen.

Die Patienten in der deutschen Gruppe hatten musikalische Fähigkeiten und konnten sehr gut zusammenspielen. Sie konnten sich gut ausdrücken und bei ihrer eigenen Wahrnehmung bleiben.

3. Eine Gruppe von in Deutschland lebenden Chinesinnen in einer musiktherapeutischen Praxis einer deutschen Musiktherapeutin

Besonders reizvoll erschien es mir, mit einer Gruppe von „in Deutschland lebenden Chinesinnen“ zu arbeiten, um weitere Erkenntnisse über die Wirkung von Musiktherapie zu erfahren und eventuelle Vergleiche anstellen zu können.

Die drei chinesischen Klientinnen wohnten schon über zehn Jahre im Deutschland. Sie äußerten Probleme wie schwermütige Gefühle, Depressionen, Stress und Heimweh. Wir haben als Sprachen Chinesisch, Deutsch und Englisch probiert, je nachdem, in welcher Sprache sich die verschiedenen Gruppenteilnehmer am besten ausdrücken konnten und welche Sprache in diesem Moment zu der Gruppe passte. Im Laufe des Musiktherapieprozesses haben wir dann doch häufig Deutsch benutzt, ab und zu auch Englisch und viel Chinesisch.

Nachdem wir uns vorgestellt hatten, lud ich die Klientinnen ein, die Instrumente auszuprobieren und einige auszuwählen. Sie alle waren das erste Mal in der Musiktherapie, inspizierten den Raum mit großem Interesse, probierten jedes Instrument aus und wählten später eigene Instrumente aus. Sie folgten dabei ganz ihrem Gefühl. Es waren dabei: eine Klangschale, ein Xylophon und ein Holzfisch. Ich hatte eine Djembe, die deutsche Musiktherapeutin eine kleine Djembe ausgewählt.

Zunächst haben wir unsere Instrumente eines nach dem anderen erklingen lassen, auch um erst einmal das Instrument und den dazugehörigen Klang vorzustellen. Auffallend war, dass die Klienten betonten, sie könnten kein Instrument spielen.

In dem folgenden Zusammenspiel begann ich dann, einen einfachen Rhythmus vorzuspielen. Die anderen Gruppenteilnehmer spielten bereitwillig mit, allerdings sehr vorsichtig, und es gab ein bisschen rhythmische Unordnung.

In der zweiten Runde hatten die Klienten andere Instrumente gewählt. Die Djembe (vorher mein Instrument) wurde getauscht, eine Triangel, die Maracas, ein Holzxylophon kam dazu. Ich hatte die kleine Djembe genommen und die Musiktherapeutin nahm Bongos.

Jetzt hatten die Klientinnen schon mehr Selbstvertrauen beim Spielen und konnten sich besser konzentrieren. Zeitweilig gab es Kontakt zwischen einigen von ihnen. Sie konnten aufeinander achten und einander antworten. Eine Klientin hatte ein Saiteninstrument, eine Kinderspielgitarre, ausgewählt und spielte sie. Es klang sehr klagend und „quakend". Plötzlich machte eine andere Klientin diese Laute mit einem lauten und scharfen „Mä – mä – mä" nach, das sie ausdauernd sang. Die erste Klientin fühlte sich dadurch abgelehnt und hörte auf zu spielen. Das Spiel, das so heiter begonnen hatte, endete in einem Gefühlschaos, in dem sich auch die Gefühle der anderen Gruppenteilnehmerinnen zeigten. Es flossen Tränen und bald saßen alle gemeinsam auf der breiten Couch, um die eine Person zu trösten.

In der folgenden Stunde äußerten die Klienten Zweifel an der zusammenführenden Wirkung des Spiels. Eine Klientin (die sich durch den nachahmenden „Mä"-Gesang abgelehnt fühlte) sagte sogar, dass die Instrumente nur Spielzeuge sind, und Spielen sei einfach Unsinn. Sie wollte mehr Theorien über der Musiktherapie wissen, die anderen stimmten zu. Diese Situation habe ich in den anderen Gruppen nicht vorgefunden. Diese Klientin wollte verstehen, was der Sinn von Musiktherapie sein soll. Sie konnte sich nicht dem Prozess überlassen, sondern war gekränkt, hatte aber keine Möglichkeit gefunden, sich musikalisch oder verbal zu wehren. Deutlich war, dass die Klientin vorsichtiger spielte als vorher.

In dieser Gruppe merkte ich, dass es dort noch lange Zeit benötigen würde, um das Vertrauen zwischen Klienten und Therapeuten zu etablieren, damit die Klienten auch die Bedeutung der Improvisation kennenlernen und deuten und eventuell auftauchende Probleme bearbeiten können.

Die Grundproblematik dieser dritten Gruppe könnte folgende Ursachen haben:

Sie leben in einer anderen kulturellen Umgebung und bemühen sich darum, sich anzupassen. Diese Situation beinhaltet Stress und unsichere Gefühle. Diese Anpassungsschwierigkeiten zeigten sich auch in der Musiktherapiestunde. Alles schien eine Überforderung zu sein.

Alle Chinesinnen sind von ihren ursprünglichen Familien und Freunden entfernt, alle mussten neue Beziehungen eingehen. Manchmal fühlen sie sich einsam und kraftlos.

Schnell waren diese Probleme auch in der Gruppe zu spüren. Es gab Tränen, und einige sprachen von ihrer Unfähigkeit, spielen zu können.

Wir konnten leider nur fünf Treffen arrangieren, so dass es kaum Fortschritte im spielerischen Umgang mit den Musikinstrumenten gab. Die Äußerung der einen Klientin, das seien ja nur Spielzeuge und Spielen hätte ja sowieso keinen Sinn, zeigt für mich den Ernst der Situation der Klientinnen als Migranten. Das nachäffende „Mä" trifft natürlich auf einen ganz empfindlichen Nerv. Sprachlich sind alle Beteiligten sehr angestrengt, was die deutsche Sprache angeht. Auch die Sprachenvielfalt und die vielen Übersetzungsversuche in den Therapiestunden gingen in diese Richtung und zeigten, wie wichtig doch „mühelose" Unterhaltungen in der Muttersprache wären.

Eine Statistik zeigt, dass im Jahr 2006 schon 15,1 Millionen Migranten in Deutschland leben, das ist fast ein Fünftel der Gesamtbevölkerung.[74] „... Die Ausländer verfügen aufgrund ihres Migrationshintergrundes und ihrer sozialen Herkunft nur über unzureichende ökonomische, soziale und kulturelle Ressourcen, um sich in die Aufnahmegesellschaft zu integrieren."[75]

Aufgrund der Balance-Theorie der TCM und der Theorie der „Fünf Säulen der Identität",[76] können wir das Problem als ein Ungleichgewicht menschlicher Identität aufgrund von Migration verstehen.

Dazu meint Adamek: „Im Rahmen der Musikgruppe können sie selbst ihre verwirrenden Erfahrungen ordnend gestalten und sich als konstruktiv und einflussreich erleben. Das ‚Zuhören und Sich-Gehör-Verschaffen' gehört ebenso zu den hier zu erlernenden Potentialen wie der Aufbau von Selbstwirksamkeit und Selbstbewusstsein oder das Erleben von Zugehörigkeit zu einer Gruppe."[77] Und durch Singen „fördert man systematisch die Fähigkeit, die eigenen Gefühle zu erkennen, anzuerkennen und zu wandeln."[78]

Um dies zu erreichen, denke ich, wäre es am sinnvollsten, Musiktherapie in einer internationalen-gemischten Gruppe durchzuführen. So könnten auftauchende Probleme am besten gespielt, besprochen und bewältigt werden.

III. Zusammenfassung der Ergebnisse während des Praktikums in der chinesischen Musiktherapie[79]

Auf Grundlage der Erfahrungen in den musiktherapeutischen Sitzungen fasse ich hier folgende Ergebnisse zusammen:

74 Weyand, M. (2010): S. 19.
75 Ebd. (2010): S. 11.
76 http://therapiedschungel.ch/content/5_saeulen_der_identitaet.htm
77 Weyand, M. (2010): S. 7.
78 Adamek, K. (2012): S. 12.
79 Diese Zusammenfassung gibt eine Erfahrung während meines Praktikums in einer bestimmten Abteilung der genannten Pekinger Klinik wieder. Es gibt somit zwar eine tendenzielle Handhabung der Musiktherapie an dieser Abteilung wieder, schließ aber nicht aus, dass es in anderen Abteilungen und in anderen Musiktherapiezentren in China genauso gehandhabt wird.

1. Einschränkungen

- Unter dem Einfluss der amerikanischen Musiktherapie neigt die Behandlungsmethode in China mehr zu einer behavioristisch-kognitiv orientierten Musiktherapie. Die musiktherapeutischen Ziele sind emotionale Stimulation, Verbesserung der kognitiven Fähigkeiten des Patienten, um dadurch mehr Selbstständigkeit zu erreichen.
- Es fehlt eine Gesprächsrunde wie in den westlichen musiktherapeutischen Sitzungen. Die Therapeutin nimmt die Stellung der Lehrerin ein, um die Patienten durch die Musiktherapie zu führen. Der Inhalt der Musiktherapiestunde wird meistens von der Therapeutin durchstrukturiert. Die aktuellen Befindlichkeiten und Ideen der Patienten werden oft nicht beachtet.
- Die tiefenpsychologischen Aspekte sind fast unbekannt.
- Musiktherapeuten haben keine musiktherapeutische Selbsterfahrung; sie behandeln direkt nach dem Praktikum.
- Der Einsatz von Musiktherapie in China steht noch in der Phase der Exploration. Er benötigt mehr quantitative und qualitative klinische Forschungen und evidenzbasierte Erkenntnisse.
- Es herrscht in China ein Mangel an Kenntnissen über den Unterschied zwischen Musikpädagogik und Musiktherapie.

2. Positive Aspekte

- Spielerische Behandlungsverfahren in musiktherapeutischen Settings können die Motivation der Patienten erhöhen, bauen Ängste und Stress ab und schaffen eine nähere Beziehung zwischen Therapeuten und Patienten.
- Entsprechende Verhaltensänderungen fördern die Fähigkeit des Patienten, in die Gesellschaft zurückzukehren.
- Die ganzheitliche Denkweise der uralten chinesischen Philosophie – bzw. dass eine Balance von Stimmung, Wahrnehmung und Gesundheit erreicht und bewahrt wird (vgl. im Theorieteil A.I.), ist auch eine wertvolle Referenz für die heutige Therapie.

3. Beispiel für einen Verbesserungsansatz

Um die westliche Musiktherapie mit den freien Formen der Improvisation und den spielerischen Umgang mit Instrumenten in China mehr und sicher zu etablieren, müssten meiner Meinung nach die traditionellen Strukturen einer sofort sichtbaren Effektivität aufgelöst werden, zugunsten zu einer langfristig freieren und beziehungsorientierten Art des Miteinanders. Das Wahrnehmen und Wertschätzen sollte eine neue Qualität erreichen.

Es gibt noch zahlreiche andere Vorschläge zur Optimierung, jedoch sind diese teilweise in der Kritik schon enthalten. Alle aufzuzählen würde den Rahmen der

Arbeit überschreiten, darüber hinaus folgen im nächsten Kapitel noch einige Stichpunkte zu dem Thema.

4. Therapeutische Arbeit unter den besonderen Bedingungen der chinesischen Kultur

Musiktherapie gilt als eine effiziente psychotherapeutische Methode, die in unterschiedlichen kulturellen Hintergründen zur Wirkung kommen kann. Musiktherapeutinnen und Musiktherapeuten sollten jedoch während des therapeutischen Prozesses den jeweiligen kulturellen und sozialen Hintergrund der Klienten mit bedenken, und zwar nicht nur auf Musik und Sprache beschränkt, denn auch ein unterschiedliches Verständnis von bestimmten Faktoren spielt eine Rolle, was auch z. B. von Hanna Fak betonte wird (siehe im Theorieteil: A.I.). Im Folgenden seien einige Beispiele dieser unterschiedlichen Auffassungsweisen beschrieben.

4.1. Unterschiedliches Verständnis von kognitiven Faktoren

Ich stelle hier ein interessantes Beispiel vor: Normalweise ist „Urlaub" für alle Menschen eine schöne Sache. Aber eine chinesische Bekannte sagte mir, dass sie Stress hat, weil langer Urlaub bei ihr Schuldgefühle hervorrufen würde. Solch ein „Freizeit-Stress" ist nicht fremd in China, da man sich nicht fleißig genug findet.

Man glaubt, dass Asiaten meistens „zurückhaltend" sind. Ich denke, es ist nur ein typisches kommunikatives Verhalten in der asiatischen Kultur. Man hat unterschiedliche „Selbst-Positionierungen" und unterschiedliches kommunikatives Beziehungsverhalten. Ein Beispiel ist, dass Chinesen normalweise nicht direkt die eigene Ansicht darstellen. Das bedeutet in der chinesischen Kultur eine „bescheidene Haltung".

4.2. Unterschiedliches Verhalten / Körperhaltung

Asiaten benutzen nicht oft körperliche Bewegungen neben dem Sprechen. Umarmung und Kuss sind bei der Zusammenkunft keine normale Etikette. Im Allgemeinen verwendet man nur Ausdruck des Gesichts und der Sprache, sodass ein/e Therapeut/in im Setting körperliche Bewegung und Körperkontakt umsichtig behandeln soll. Es könnte den Stress / die Spannung der Patienten erhöhen.

Die oben genannten kulturellen Unterschiede, auch als Ausdruckssymbole der chinesischen Gesellschaft, spielen deshalb eine wichtige Rolle in der therapeutischen Arbeit. Dies wäre auch noch weiter ausführbar und somit ein Thema für eine zukünftige Arbeit.

Schlussfolgerungen

1. Vorschläge für eine neue Definition der „Chinesischen Musiktherapie"

Obwohl in China, wie in den vorherigen Kapiteln ausgeführt wurde, „Musiktherapie" praktiziert wird, gibt es für eine etablierte „Chinesische Musiktherapie" leider bis heute noch keine festgelegte Leitlinie. Sie erscheint – in einer chinesischen Metapher gesprochen – als eine schöne Frau mit einer Maske, und man versucht sie ihr abzunehmen. Wie also sieht der aktuelle Stand der „Chinesischen Musiktherapie" aus? Wie kann man sie noch weiter entwickeln?

Meiner Ansicht nach liegt darin folgendes große Potential:

- Aufgrund der vorangegangenen Ausführungen hat die „Chinesische Musiktherapie" nach europäischen Maßstäben am ehesten Ähnlichkeiten mit einer psychosomatischen Therapieform. Jedoch ist dieser Begriff insofern nicht ganz richtig, da sie ja – wie oben beschrieben – einen ganz anderen Bezug von Psyche und Soma aufweist. Auf der Grundlage der TCM hat man betont, dass die menschliche Seele und der Körper eine Ganzheit sind, sodass die Behandlung im Bereich der psychischen Störung oder der körperlichen Erkrankung nicht zu trennen ist. Es gibt immer eine gegenseitige Interaktion.
- Aufgrund der TCM könnte die „Chinesische Musiktherapie" mehr auf eine ganzheitliche Universalität des Menschen achten. Sie möchte einen ausgewogenen Zustand der körperlichen Balance erreichen.
- Ein Konzept der „kombinierten Behandlungsmethoden" wird für die chinesische Musiktherapie angeregt. Wie im Theorieteil (I.2.4.) vorgestellt, wird in der chinesischen Therapie immer durch eine Kombination aus Medikamenten, physikalischer Therapie und Bewegungstherapie behandelt, weil sonst die ganzheitliche Heilung nicht erreicht werden kann.

2. Weitere Möglichkeiten der Forschung

Auf der Basis meiner Erfahrungen mit Musiktherapie würde ich gern die erworbenen Kenntnisse und Kompetenzen in meinem Land anbieten und an einer neu definierten „Chinesischen Musiktherapie" weiter forschen. Dazu würde auch ein internationaler Austausch gehören, zum Beispiel in den Bereichen:

- ganzheitliche Interaktion,
- Einfluss der Musik auf den menschlichen Körper und die Sinne anhand der chinesische Fünf-Töne-Musiktheorie (vgl. Kapitel. A.III.4.3.),
- Kombinationsbehandlungsmethoden.

Zum Thema „chinesische Musiktherapie" besteht noch viel Forschungs- und Veröffentlichungsbedarf, der sich in der Zukunft hoffentlich verwirklichen lässt.

Literaturverzeichnis

Adamek, K. (2012). Singen als Aktivierung der Selbstheilungskräfte am Beispiel der Methode des Meridiansingens. *Musik und Gesundsein* 21, S. 12.

Baker, F. / Wigram, T. (2005). *Songwriting*. London/Philadelpia: Jessica Kingsley Publishers, S. 11–14.

Bibel (2010). *Neues Testament, Offenbarung – Kapitel 22-2.* Dillenburg: Christliche Verlagsgesellschaft, S. 449.

Brunnhuber S. / Lieb, K. (2000): *Kurzlehrbuch Psychiatrie, Psychotherapie, Psychosomatik* (4. Auflage). München: Urban & Fischer, S. 121.

Decker-Voigt, H.-H. / Oberegelsbacher, D. / Timmermann, T. (2008). *Lehrbuch Musiktherapie*. München: Ernst Reinhardt Verlag, S. 18, 20, 68, 70.

Grocke, D. E. (1999). *A Phenomenological Study of Pivotal Moments in Guided Imagery and Musik (GIM) Therapy.* Dissertation, University of Melbourne, S. 1, 70.

Fak, H. (1999). Zur Dynamik von Gruppen in der Musiktherapie. In M. Nöcker-Ribeaupierre / C. Münzberg, *Innere Bewegung – äußere Bewegung. In der Dynamik der Gruppe*. Beiträge zur Musiktherapie Band 3. München: Institut für Musiktherapie am Freien Musikzentrum München, S. 125.

Gāo, T. (高天) (2008). *Einführung der Musiktherapie* (音乐治疗导论). Peking: Welt Verlag, S. 16.

Guō, A. C. (郭蔼春) (1898). *„Annotation der Kanon des menschlichen Körpers bei Huángdì – Líng Jīu"*. Tiānjīn: Wissenschaft und Technik Verlag, S. 302–305.

Guō, M. R. (郭沫若) (1983). *Darlegung und Erörterung die Yueji.* Peking: Musik Verlag, S. 29.

Huáng, M. Y. (黄明延) / Zhāng, B. X. (张博遐) (1996). *New Information about Music Therapy*. Band 4. Peking: Chinese Music Therapy Association, S. 81.

Huángdì / Qíbó (黄帝/岐伯) (ca. 722 bis 221 v. Chr.): „Kanon des menschlichen Körpers bei Huángdì" (黄帝内经 – Huángdì nèi jīng), auch genannt „Der Gelbe Kaiser und die Innere Medizin", (o. S.).

Lán, Y. (兰燕) et al. (1989). *Chinesisches Wörterbuch*. Band 6. Chengdu: Sichuan/HuBei Wörterbuch Verlag, S. 4138, 4144.

Lǐ, P. M. (李璞珉) / Ráo, J. Z. (饶艽宗) / Shí, L. J. (石立军) (1996): *Bericht der Fünf-Töne und Fünf-Organe*. Neue Information über Musiktherapie Band 4. Peking: Chinese Music Therapy Association, S. 77.

Líu, Z. Q. (刘振强) / Yáng, C. Q. (羊春秋) (2008). *Die Gespräche des Konfuzius* (孔子家语). TáiBěi: Sānmín Verlag, S. 376–377.

Lǚ, Bùwěi (吕不韦) (265–250 v. Chr.). *Frühling und Herbst • Klassische Musik* (吕氏春秋•古乐, LǚShì ChūnQīu•GǔYuè). (o. S.).

McMurtrie, I. (2012). „Singe, sodass ich Dich erkenne“. Gedanken zur Stimmbildung im Rahmen der musiktherapeutischen Ausbildung. *Musik und Gesundsein* 21, S. 15–16.

Sīmǎ, Q. (司马迁) (109–91 v. Chr.). „史记 *Shǐ jì (Aufzeichnungen des Historikers)*“. (o. S.).

Sūn, Fēi (孙飞) (2009). *Akupressur zur Selbsthilfe, Selbstmassage 01, Qì Gōng / Massage-Akupunktur*. (o. V.), S. 1.

Wáng, X. P. (王秀萍) (2007 [01]). *Jiāo Xiǎng* (交响). An Yáng: An Yáng pädagogische Universität, S. 34–38.

Wèi, Y. L. (魏育林) / Yáng, F. D. (杨甫德) (2011). *Grundlage der musikalischen Pflege für leichte Erkrankungen (ein Ausdruck der TCM für medizinisch nicht nachweisbare Erkrankungen).* Verlag der traditionellen chinesischen Medizin, S. 142–143.

Weyand, M. (2010). *Musik – Integration – Entwicklung*. Wiesbaden: Reichert, S. 7, 11, 19.

Wijnen, C. (2012). Ganzheitliche Stimmarbeit und Gesangstherapie. *Musik und Gesundsein* 21, S. 20.

Wú, J. Z. (吴敬梓) (1749). *Die inoffizielle Geschichte des Gelehrtenwalds* („儒林外史“ – Rú Lín Wài Shǐ). (o. S.).

Wú, X. R. (吴幸如) / Huáng, C. H. (黄创华) (2009). *Musiktherapie 14 Lektionen* (音乐治疗十四讲). Peking: Chemische Industrie Verlag, S. 38.

Xǔ, S. (许慎) (100–121). *Shuō wén jiě zì* (说文解字). (o. V.), (o. S.).

Yáng, S. M. (杨朝明) (2000). *Konfuzianische kulturelle Aspekte* (儒家文化面面观). Shāndōng: Qílǔ Verlag, S. 18.

Yǐn, Yùfēi (尹誉霏) (2011). *Music Therapy Intervenions to Influence Social Interaction for Health or Subhealth Condition Persons: Meta-Analysis and Clinical Applications.* (o. V.), S. 7.

Zhāng, H. Y. (张鸿懿) (2000). *Grundlage der Musiktherapie* (音乐治疗学基础). Peking: Elektronischer Audio und Video Verlag, S. 7–8.

Zhāng, Z. H. (张从正[子和、戴人]) (1228): *„Betreuung der Familienangehörigen der Konfuzianisten“*. (o. S.).

Zhōu, X. S. (周学胜) (2004). *Formulieren der theoretischen Grundlagen der TCM*. Běi Jīng: Gesundheit Verlag, S. 16–18, 31–44, 115–127, 212.

Verwendete Internetseiten

http://therapiedschungel.ch/content/5_saeulen_der_identitaet.htm, (1993): Autor: Petzold, H.G., Die fünf Säulen der Identität; Datum der Einsicht: 01.06.2013.

www.musikmagieundmedizin.com/Musikartikel/china_original2.html, (2003): Impressum: Lutz Berger, Autor: Féng, H.M./ Schelten, S. (u. J.): Musiktherapie in der chinesischen Medizin, 2. Teil; Datum der Einsicht: 31.05.2013.

www.goethe.de/mmo/priv/8713239-STANDARD.pdf, (2012): Autor: Mastnak, W. / Gu, J.W., Kulturphilosophische Aspekte und Symbolik in der traditionellen chinesischen Musik, S.7; Datum der Einsicht: 31.05.2013.

www.youtube.com/watch?v=T2Iajtv7MH0, (29.01.2011): Autor: Qǔ, Límǐn (曲黎敏), Vorlesung, Gesundheit von Kopf bis Fuß", Chinesische Medizinische Universität Peking („北京, Běi Jīng"); Datum der Einsicht: 31.05.2013.

www.cintcm.com/lanmu/zhongyao/zhongyiao_gaishu/gaishu_fenlai.htm, (1999–2000): (u. A.), Website der „Forschung der Chinesischen Medizin", Klassifizierung der chinesischen Medizin; Datum der Einsicht: 31.05.2013.

www.gesundheit-heines.de/newsletter/news_0709_chines_medizin_I.pdf, (09.1995): Gekürzter, überarbeiteter und um die Abbildungen ergänzter Auszug aus: F. Friedl, Einführung in die chinesische Medizin in Arzneibuch der chinesischen Medizin, S.1; Datum der Einsicht: 31.05.2013.

www.cnctst.gov.cn/pages/homepage/result.jsp, (u. A.), (u. J.): China National Committee for Terms in Sciences and Technologies"; Datum der Einsicht: 21.05.2013.

www.bhlgh.com/Hospital.aspx?Cat_ID=698&Column_Cat_ID=161, www.bhlgh.com/EduCont.aspx?MenuID=3&cat_id=97, "Huí Lóng Guàn (回龙观)" Psychiatrie; Datum der Einsicht: 31.05.2013.

www.youtube.com/watch?v=T2Iajtv7MH0, Autor: Límǐn Qǔ (曲黎敏), (29.01.2011 Vorlesung): Gesundheit von Kopf bis Fuß", Chinesische Medizinische Universität Peking („北京, Běi Jīng"); Datum der Einsicht: 21.05.2013.

www.de-cn.net, Autor/ Impressum: Mastnak, W./ Gu, J. W., Kulturphilosophische Aspekte und Symbolik in der traditionellen chinesischen Musik; Datum der Einsicht: 21.05.2013.

joltv.us/AAAA/WEN%20DA/WEN%20DA%203.htm, Autor/ Impressum: ShènWú (吴慎) / Ginin W. Cucuel; Datum der Einsicht: 01.06.2013.

www.musictherapy5.com/Article/?66.html, Autor/ Impressum: Yǒng Zhāng (张勇), (2008): Entwicklung der Musiktherapie (音乐治疗学发展), Wǔ hàn Technische Universität; Datum der Einsicht: 21.05.2013.

http://m.kanzhongguo.com/node/437043, Autor: Tuotuo (脱脱), (1343–1344): „Liáo Shǐ (辽史 – Geschichte der Liao Dynastie)".

Andere Quellen

Gāo, Tiān (高天), mündliche Mitteilung am 29.12.2012 im Musiktherapie Zentrum am Zentralen Konservatorium.

PPT des Konservatorium ShàngHǎi, Die erste Sitzung über Musiktherapie. Austausch zwischen Hochschulen (第一届高校音乐治疗交流会) (2008), S. 5–7.

Prüfungsordnung des ShàngHǎi Konservatoriums (07.01.2013); Prüfungsordnung des Zentralen Konservatoriums Peking (14.12.2012).

Schmidt, H. U. (o. J.): Vorlesungsskript M12ba: Einführung in die Psychosomatik. Zum Begriff der Psychosomatik. Denken und Handeln. Krankheitsentstehung. Krankheitsformen, S. 14, 27.

Unschuld, P. U.: Vom Workshop „Das Gesundheitswesen in der VR China zwischen Tradition und Moderne (17.11.2012).

Yán, Shàoxiào (闫少校), Oberarzt der „Huí Lóng Guàn (回龙观)"-Psychiatrie, mündliche Mitteilung am 18.12.2012 an der „Huí Lóng Guàn"-Psychiatrie in Peking („北京, Běi Jīng").

Zhāng, Yùlín (张玉林), TCM Arzt, mündliche Mitteilung am 21.12.2012 in Peking („北京, Běi Jīng").

Abbildungsverzeichnis

Abb. 24. u. 25. http://www.guoxuecc.com/xianfeng/2008/2294.html, (2008): Yiming; Datum der Einsicht: 02.06.2013.

Abb. 26. http://www.zwbk.org/MyLemmaShow.aspx?zh=zh-tw&lid=98535, (2010): Caicai; Datum der Einsicht: 02.06.2013.

Abb. 27. http://dongfangkch.blogspot.de/2008/04/blog-post.html, (2008): (u. A.); Datum der Einsicht: 02.06.2013.

Abb. 28. http://www.cq027.cn/wenming/index_3.htm, (u. J.): (u. A.); Datum der Einsicht: 02.06.2013.

Abb. 29. http://www.hxcth.cn/zonghe/283.html, (2011): (u. A.); Datum der Einsicht: 02.06.2013.

Abb. 30. 2000: Li, B. L.

Abb. 32. http://www.bhlgh.com/company.aspx?cat_id=419, (2008): Huí Lóng Guàn (回龙观)" Psychiatrie; Datum der Einsicht: 02.06.2013.

Fragen zur musiktherapeutischen Lehre in China: Ein Interview

Ying Tian/Hans Ulrich Schmidt/Tonius Timmermann
und Hans-Helmut Decker-Voigt

Tian/Schmidt/Timmermann: *An welchen Universitäten/Instituten haben Sie in China unterrichtet?*

Decker-Voigt: Medical College Taiwan (Medical University, Republic of China)
Zhejiang Unu (Volksrepublik China)
Ich lehrte vor Studierenden der Medizin und klinischen Psychologie und vor deren Professor*innen. Vor dem Hintergrund hatte ich nur sehr vereinzelte musiktherapeutische Kolleg*innen-Kontakte, die in USA Musiktherapie studiert hatten.

Tian/Schmidt/Timmermann: *Welch Erfahrungen haben Sie mit chinesischen Studierenden gemacht?*

Decker-Voigt: Ich differenziere die breite Fragestellung etwas. Auf Gruppendynamik bezogen: Befriedigend. Hörsaalatmosphäre statt – wie bei uns – Wechsel von Plenum und Kleingruppen. Auf westeuropäische Musiktherapie-Ausbildungs-Profile bezogen (Wissensvermittlung von Praxeologie, Theorie-Hintergründen, Selbsterfahrung, Supervision/Intervision, Praktika usw.): Hohes Interesse bei sekundärer und extrinsischer Motivation, weniger bei primärer, intrinsischer Motivation. Feedback-Kultur: Lebhaft beim „standardisiert freundlichen" Plenumsapplaus, intensiv in Einzelnachfragen von Studierenden und Kolleg*innen.

Tian/Schmidt/Timmermann: *Wie beurteilen Sie den aktuellen Stand der Musiktherapie in China?*

Decker-Voigt: Pionierstatus. Musiktherapie-Interessent*innen gibt es vor Ort zahlreich (s. bis heute anhaltende Mailanfragen-Frequenz), im Ausland ausgebildete Musiktherapeut*innen nach meiner Kenntnis nur vereinzelt. Die entfernteren chinesischen Provinzen sind mir hinsichtlich Motivationsstruktur unbekannt.

Tian/Schmidt/Timmermann: *Wie ist das Verhältnis Musiktherapie/Psychotherapie in China anzusehen?*

Decker-Voigt: Musiktherapie orientiert sich nach Kolleg*innen-Aussagen und dem daraus bei mir entstandenen Bild (bis ca. 1995) eher an amerikanisch importierter Psychotherapie und (1 x) an Nordoff-Robbins. Seit dem Weltkongress für Musiktherapie 1996 in Hamburg mit ca. 20 teilnehmenden Ausbildern aus Festlandchina sehe ich (in meinem kleinen Kenntnisausschnitt zu chinesischen Musiktherapeut*innen) die tiefenpsychologisch/psychologischen Konzepte „langsam durchsickernd und wachsend" – ebenso die Neugier auf das Vorhandensein von neurologischer u.ä. Musiktherapie sowie evidenzbasierter Musiktherapie, zaghafter die Phänomenologie .

Tian/Schmidt/Timmermann: *Ist die Musiktherapie in China eher „psychotherapeutisch" identifiziert oder mehr in der Medizin „angesiedelt"?*

Decker-Voigt: Eher medizinisch. Denn anteilig lernte ich in meinen Veranstaltungen etwas mehr Ärztinnen und Ärzte als Teilnehmende kennen als Psycholog*innen oder Musikpädagog*innen. Ich lehrte eben überwiegend an einer Medizinischen Universität. Auch die Reaktionen auf das von mir und Dr. D. Oberegelsbacher und Prof. Dr. Tonius Timmermann geschriebene und in China übersetzte „Lehrbuch Musiktherapie" bestätigen dies. Dessen entwicklungspsychologisch orientiere Anlage überraschte (positiv).

Tian/Schmidt/Timmermann: *Wie verstehen Sie insgesamt das Konzept oder die Form der chinesischen Musiktherapie?*

Decker-Voigt: s.o.

Tian/Schmidt/Timmermann: *Inwiefern unterscheiden sich diese Konzepte vom Verständnis der Musiktherapie im deutschsprachigen Raum?*

Decker-Voigt: Das auszuformulieren ist mein Leben zu kurz. Ein Satz nur: Deutschsprachige Musiktherapie basiert auf der Individualität der Patient*innen und der Besonderheit der psychotherapeutischen Beziehung in inzwischen zahlreichen Setting-Formen, während im Gesundheitswesen Chinas immer noch basale Strukturen des kollektiven Denkens bestehen. Teilweise behindert Letzteres die Individualisierung. Ausnahmen sind Akademische Begegnungsstätten.

Tian/Schmidt/Timmermann: *Welche Forschungsbereiche der Musiktherapie in China sollten gefördert werden?*

Decker-Voigt: Schnittflächen der eher medizinisch orientierten Musiktherapie UND der eher humanistisch-psychologisch sowie der tiefenpsychologisch orientierten Musiktherapie (s. voriger Punkt), also analog der vorsichtigen Individualisierung in Festland-China inmitten des Kollektiven folgend. Dann aufgrund der früheren „Ein-Kind-Politik": Folgeuntersuchungen sind wichtig über die Entwicklung dieser Einzelkinder im Kollektiv (siehe narzisstische Gesundheit oder Labilität usw. usw.). Ein Fass, dessen Boden gezimmert wird…

Tian/Schmidt/Timmermann: *Welche Perspektiven sehen Sie für die chinesische Musiktherapie?*

Decker-Voigt: Ich habe Probleme mit diesen zu breit angelegten „Delta-Fragestellungen". Jedenfalls dies: China hat in seiner Öffnung nach Westen mehr und mehr westeuropäische Krankheitsprofile „importiert". Dort, wo sich diese zeigen, ist das Interesse an westlichen Therapiekonzepten besonders stark.

Resümee und Perspektiven der Herausgeber

Tonius Timmermann und Hans Ulrich Schmidt

East is east and west is west
The twain shall meet
East is west and west is east
Let it be complete.
(John Lennon „You are Here" vom Album „Mindgames")

Als Leserinnen und Leser haben Sie nun eine längere Reise durch abwechslungsreiche und vielleicht auch aufregende Landschaften hinter sich, Landschaften, die alle auf irgendeine Weise mit dem Thema „Musik und Heilung im alten und modernen China" zu tun haben.

Zunächst haben wir versucht, die chinesische Kultur – im Rahmen der asiatischen – besser zu verstehen und zu vermitteln: die wichtigsten Philosophien und Religionen wie Daoismus, Buddhismus und Konfuzianismus,

- das entsprechende historisch über viele Generationen gewachsene Weltbild,
- das Denken und Fühlen,
- die Art und Weise der Beziehungsgestaltung und
- die gesellschaftlichen Konsequenzen,
- Harmonie als höchste Qualität,
- das Vermeiden von Streit und Auseinandersetzung,
- die Schwierigkeit, sich zu öffnen
- die große Zurückhaltung, wenn es etwa darum geht, sich zu persönlichen Problemen zu äußern,
- usw.

Da finden sich doch einige von unserer westlichen Kultur, deren gesellschaftlichen Gepflogenheiten, den Zielen und Idealen eben auch westlich geprägter psychotherapeutischer Behandlung einigermaßen entfernte Haltungen. Dies näher zu betrachten ist deswegen von Bedeutung, weil im Zentrum der Psychotherapie, nach unserem Verständnis und wissenschaftlich belegt, als ein wesentlicher Pfeiler die Beziehung steht. Es stellte sich daher die Frage, ob und ggf. in welcher Weise sich westliches Denken darüber, wie therapeutische Beziehungsgestaltung gelingen kann, auf die chinesische Mentalität und deren Ziele und Ideale übertragen lässt.

Konfuzius, der großen Einfluss auf diese Mentalität hat, legt großen Wert auf den Ahnenkult. Im chinesischen Denken steht die Familie sehr im Mittelpunkt. In der chinesischen Tradition waren oder sind zum Teil auch heute noch Rituale gebräuchlich, die sich an die Ahnen, also das Familiensystem richten. So ist es nicht verwunderlich, dass systemische und transgenerationale Ansätze in der Psychotherapie damit eher kompatibel sind. Gleichzeitig betont Konfuzius die Bedeutung von Menschlichkeit und vermittelt damit eine Haltung, die von Vollkommenheitsstreben erlöst. Allerdings gelten bei der Gestaltung von Ritualen und auch von Musik in diesem Rahmen, strenge Regeln. Er schätzte die Musik sehr, aber es gibt ein klares Wertesystem. Maß und Mitte bestimmen ihre Qualität. Der Ausdruck von Gefühlen ist genau geregelt, und ihnen freien Lauf zu lassen, gilt als barbarisch. Die protokollarischen Vorgaben zum Ausdruck von Gefühlen sind stark reglementiert. Auch der in China verbreitete Buddhismus hat Rituale entwickelt, deren Abläufe streng geregelt sind.

Im Daoismus dagegen begegnen wir einem Wirklichkeitsmodell, das nicht auf festen Vorstellungen, sondern auf Transformation beruht, also auf ständigem Wandel. Mit diesem „mitzugehen" ist ein daoistisches Ideal und bedeutet einen Zustand, für den der moderne psychologische Begriff „Flow" zutrifft. Ein solcher Zustand ist gerade für das spontane Interagieren in der Musiktherapie von zentraler Bedeutung – eine weitere im chinesischen Denken eigentlich mögliche Kompatibilität. Dies gilt auch bezüglich einer modernen therapeutischen Haltung, geht es doch im Daoismus wesentlich um Begriffe wie Still(e)halten, Absichtslosigkeit, Abwarten-Können als ganz wesentliche Qualitäten.

Der Daoismus ist kontextorientiert, beweglich, auf das Ganze bezogen, und das gilt auch für die chinesische Tradition der Heilkunst. Krankheiten gehen auf vielfache Einflüsse zurück. Neben physischen und kalendarischen sind es auch solche, die psychosomatischer, psychosozialer Natur sind und insofern im Prinzip postmodernem bio-psycho-sozialem Gesundheitsdenken entsprechen, das seit längerem zunehmend auch das westliche Denken beeinflusst.

Noch einmal zurück zu der Frage, ob man die Beziehungsgestaltung in westlichen Ländern entwickelten Psychotherapieformen ohne weiteres auf asiatische bzw. chinesische Kulturen übertragen kann. Eins zu eins geht es jedenfalls nicht, auch wenn im Rahmen fortschreitender (und nicht nur wirtschaftlicher) Globalisierung westliche Einflüsse die asiatische Mentalität heute sicher beeinflussen. Ein sich abgrenzendes Streben nach Autonomie und einer situationsunabhängigen Identität, nach Selbstverwirklichung, Selbstkontrolle und Selbstbestimmung gilt in westlichen Psychotherapien als gesundheitsförderndes Ziel. In China dagegen wird dies eher als egoistisch angesehen rsp. ggf. sogar verurteilt, und Reife wird – eigentlich fast im Gegenteil – als die Fähigkeit des Selbst zur Anpassung an verschiedenste Situationen und Rollen begriffen.

Während zeitgenössische westliche Musiktherapie den freien Gefühlsausdruck im improvisierten Musikzieren als heilsames Mittel betrachtet, beobachtete Ying Tian in ihrer Untersuchung aktueller chinesischer Musiktherapie, dass hier generell pädagogisch-strukturierter und nicht tiefenpsychologisch orientiert gearbeitet wird.

Wir erfahren – neben einem wirklich substanziellen Blick in die alte traditionelle chinesische Medizin – durch eine Medizinerin, wie sich musikalische Elemente in diese ja ohnehin sehr ganzheitliche Zugangsweise zum Menschen integrieren lassen.

Die Traditionelle Chinesische Medizin integriert durch ihren ganzheitlichen Ansatz in einer Weise körperliche Aspekte, die im Grund auf die traditionelle Psychosomatik à la Grodeck verweist. Noch einmal haben wir deshalb auch im aktuellen Zusammenhang dieses Thema aufgegriffen, das bereits in einem früheren Band dieser Reihe diskutiert wurde und hier nochmal in einem „neuen Licht" aufgegriffen wird: Die Rolle des Körpers in Musik- und Psychotherapie (siehe in „Der Körper in der Musiktherapie", zeitpunkt musik 2016, Hg. H. Skrpypek, H. U. Schmidt, T. Timmermann).

Perspektivisch ist auch spannend, wie die Ausbildung chinesischer Musiktherapeut*innen in westlichen Kulturen möglicherweise die chinesische Musiktherapie beeinflussen wird. Wenn es nach John Lennon geht, könnten sich westliche und östliche Kulturen zu etwas ergänzen, bei dem beide Seiten voneinander profitieren. Einige derzeitige Ansätze dazu wurden in diesem Buch formuliert. Alles Weitere wird die zukünftige Entwicklung zeigen.

Wir Herausgeber hoffen, dass wir Ihnen eine hoffentlich spannende und erkenntnisreiche Lektüre präsentieren konnten!

Tonius Timmermann und Hans Ulrich Schmidt
Wessobrunn, Augsburg, Hamburg, im November 2021

Autorenverzeichnis

Tonius Timmermann, Prof. Dr.

Studium der Pädagogik (Dipl. Päd.) an der Pädagogischen Hochschule in Münster und der Musiktherapie an der Universität für Musik und Darstellende Kunst in Wien.
Musiktherapeut seit 1981 in freier Praxis, und in Kliniken (Psychiatrie, Psychotherapie und Psychosomatik). Wissenschaftlicher Mitarbeiter an der Universität Ulm, Abt. Anthropologie und Wissenschaftsforschung und Psychotherapie. Promotion zum Dr. rer. biol. hum.
Weiterbildungen insbesondere in Atemtherapie und Systemaufstellungen.
Psychotherapie (HPG).
Aufbau und Leitung des Instituts für Musiktherapie mit Fortbildungsreihe, Tagungen und Ausbildung am Freien Musikzentrum München von 1981 bis 2003.
Professor für Musiktherapie an der Universität Augsburg, Leopold-Mozart-Zentrum: Aufbau und Leitung des berufsbegleitenden Masterstudiengangs und der Forschungsstelle Musik und Gesundheit von 2003 bis 2016.
Seit 1983 diverse Publikationen.
Musiktherapeut in freier Praxis in München und Wessobrunn.
www.timmermann-domain.de

Hans Ulrich Schmidt, Prof. Dr. med.

Studium der Klavierpädagogik (Hamburg), der Musiktherapie (Hamburg, Wien) und der Humanmedizin (Hamburg); Promotion zum Dr. med. über ein musiktherapeutisches Thema (Stationäre Gruppenmusiktherapie mit Borderlinepatienten); Zusatzbezeichnung „Psychotherapie", Facharzt für Psychotherapeutische Medizin. Ärztlicher Psychotherapeut (TP). Gruppenpsychotherapeut. Selbsterfahrungs- und Supervisionstätigkeit im Rahmen psychotherapeutischer und musiktherapeutischer Aus-/Weiterbildung. W2-Professur als Stellvertretender Studiengangsleiter des Augsburger Masterstudiengangs Musiktherapie am Leopold-Mozart-Zentrum der Universität Augsburg. Dozent und Supervisor am Masterstudiengang Musiktherapie der Hochschule für Musik und Theater Hamburg. Leitung des Bereichs Ärztliche Psychotherapie am Ambulanzzentrum und an der Poliklinik für Psychosomatik und Psychotherapie des Universitätsklinikums Hamburg-Eppendorf. Psychotherapeutische Forschung mit Schwerpunkt Musiktherapie; zahlreiche Veröffentlichungen zu psychosomatischen und musiktherapeutischen Themen. Schwerpunkte u. a.: Musik in der Medizin und Psychotherapie, Psychotherapie mit körperlich kranken Patienten. Hamburger Landesvorstand der Deutschen Gesellschaft für Psychosomatische Medizin und Ärztliche Psychotherapie DGPM; Wissenschaftlicher Beirat und Mitglied der Fortbildungskommission der DMtG; Mitglied der „Arbeitsgemeinschaft Gruppenpsychotherapie und Gruppenpsychoanalyse AGG"
www.hu-schmidt-psychotherapie.de

Ying Tian, Dipl. Päd., MA Musiktherapie
Dipl. Opernsängerin, Studium an der Hochschule für Musik und Theater München. Master Musiktherapeutin DMtG, Studium an der Universität Augsburg. Psychotherapeutin (HPG). Musiktherapeutische Tätigkeit seit 2014 in freier Praxis, Psychiatrie u. Rehabilitation in China und Teilzeit in Deutschland.

Roya Schwarz, Dr. med.
Studium der Humanmedizin, wissenschaftliche Arbeit und Promotion sowie Weiterbildung am Universitätsklinikum Hamburg-Eppendorf.
Ausbildung Traditionelle Chinesische Medizin in China und Japan, langjährige Unterweisung durch authentische Meister der asiatischen Heilkunst.
Mehr als zwei Jahrzehnte praktische Erfahrung in asiatischen Heilmeditationsformen.
Seit 2007 privatärztliche Praxis für integrative und präventive Medizin in Hamburg.
Beim Deutschen Dachverband für Tai Chi und Qigong Ausbildung zur TàiJí-Quán- und Qì-Gōng-Lehrerin. Dreijährige Qì-Gōng-氣功-Ausbildung bei Meister Dean Li, erlernen der Methode Yǎng-Shēng-Tōng-Mài 養生通脈.
Bei Meister Yáng Jūn 楊軍, dem Nachfahren der Yang-Familie in sechster Generation, erlernen des Yang-Stils des Tài-Jí-Quán 太極拳 in der waffenlosen Form, der Schwertform und der Säbelform.
Entwicklung von neuartigen Behandlungsformen, wie z.B. die Kombination von Akupunktur und Aromatherapie, die Audio-Resonance-Therapy® mit der chinesischen 5-Elemente-Musiktherapie, sowie weitere innovative Verfahren.
Gründerin und Leiterin der Akademie für Altchinesische Medizin (AofACM).
Zahlreiche Publikationen, u.a. das Lehrbuch „Das Geheimnis der Goldenen Nadel“ und das Lehrbuch der klassischen chinesischen Medizin und Akupunktur „Die Goldene Nadel“.
www.afacm.de
www.audio-resonance.com

Hans-Helmut Decker-Voigt, Prof. Dr.
Mitbegründer und Direktor des Instituts für Musiktherapie der Hochschule für Musik und Theater Hamburg, Präsident der Akademie der Herbert von Karajan-Stiftung Berlin bzw, Köln und Beirat der Stiftung 1996 bis 2015.
Gründer der Zeitschrift „Musik und Gesundsein“ und deren Vorläufer. Buchübersetzungen in 16 Sprachen. Ehrendoktorate in Medizin, Kunstwissenschaft und Bibliothekswissenschaft.